Laura Ritt-Massera

DURCHSTARTEN IN ITALIENISCH

ITALIENISCH
FÜR DAS 1. LERNJAHR

VERITAS
LERNHILFEN

DURCHSTARTEN IN ITALIENISCH, Italienisch für das 1. Lernjahr

Verfasserin: Laura Ritt-Massera

Verfasser der Durchstartübungen: Do-Ri Rydl und Kim da Silva

Diesem Lernhilfebuch ist ein Lösungsheft zu den Übungen beigelegt.

Die Deutsche Bibliothek – CIP-Einheitsaufnahme

Durchstarten in Italienisch / Laura Ritt-Massera. -
Linz : Veritas
1. Italienisch für das 1. Lernjahr. - 1999
(Veritas-Lernhilfen)
ISBN 3-7058-5421-6

1. Auflage (1999)

Lektorat: Klaus Kopinitsch
Layout, Herstellung: Kurt Lackner
Illustrationen: Bruno Haberzettl
Umschlagentwurf: Alexander Strohmaier
Satz: Vogel Medien GmbH, Bisamberg
Druck: Landesverlag Druckservice, Linz

ISBN 3-7058-5421-6

Gedruckt auf umweltfreundlich hergestelltem Papier.

INHALTSVERZEICHNIS

Dritte Etappe – *Terza tappa:* Pronomen

Firenze → Roma

Vierte Etappe – *Quarta tappa:* Adverbien

Roma → Napoli

Fünfte Etappe – *Quinta tappa:* Präpositionen

Napoli → Palermo

Milano, 20 luglio 1999

Cari amici! Liebe Freunde!

Tanti saluti da Milano. Schöne Grüße aus Mailand. *Io, Fulvia Ferrari, sono qui a Milano con il mio amico Lenny Lenker.* Ich, Fulvia Ferrari, bin hier in Mailand mit meinem Freund Lenny Lenker.

Hallo! Es stimmt, wir sind jetzt in Mailand. Wir wollen Italienisch lernen. Was heißt wir, ich soll das. Sie will, dass ich es lerne. Sie kann es ja schon. Und Deutsch kann sie auch perfekt, weil sie einige Jahre in Deutschland gelebt hat. Sie ist zweisprachig! Jetzt hat sie sich in den Kopf gesetzt, dass wir diese Reise machen, um mein Italienisch zu verbessern. Ihr Chauffeur wird uns in einem roten Ferrari durch Italien fahren.

Esatto. Genau. Ich werde Lenny und allen, die sich uns anschließen, helfen, ihr Italienisch zu verbessern. Er kann ja schon einiges, viele Essensvokabeln und einige Phrasen, wie viele von euch wahrscheinlich auch. Mit Regeln und vielen Übungen wird daraus aber echtes Italienisch werden.

Ihr findet auf Seite 157 eine Italienkarte mit unserer Route. Damit ist ein Spiel verbunden, das sich durch das ganze Buch zieht. Es gibt fünf Etappen, die in kurze Abschnitte (Kästchen) untergliedert sind. Die bringt ihr hinter euch, indem ihr die mit dem Zeichen KM markierten Aufgaben löst. Bei genügend richtigen Antworten dürft ihr ein Kästchen weiterfahren. Ansonsten wiederholt ihr den Abschnitt und fahrt dann weiter. Die „Verspätung" könnt ihr wieder gutmachen, indem ihr am Ende der Etappe Lennys Brief nach Hause, den er natürlich auf Italienisch schreibt, bearbeitet. Fulvia hat die kleinen Unfälle schon unterstrichen (schließlich ist niemand perfekt). Ihr sollt die richtige Form darüber schreiben. Für die ganz Schnellen bedeutet diese Zusatzübung die Möglichkeit zu einem zusätzlichen Ausflug, der auch in der Karte eingetragen wird.

Am Ende des Buches solltet ihr die ganze Route hinter euch gebracht haben. Wenn ihr auch zu den Ausflügen gekommen seid, muss euer Italienisch besonders gut sein! Also, wer kommt mit? Vor Antritt der Reise gibt es einen kleinen Italienquiz.

Nach dem Quiz werden wir Koffer packen – mit ein paar grundlegenden Informationen zur italienischen Sprache wie Satzbau und Aussprache. Übungen dazu sind in allen Kapiteln eingestreut.

Unsere Koffer werden immer schwerer werden, denn wir werden sie auf unserer Reise mit Grammatik- und Vokabelkenntnissen füllen. Als Souvenirs!

Dieses Zeichen bedeutet **Grammatikregel**: merken, einpacken, immer wieder anschauen!

Das heißt: wichtiger **Wortschatz** – lernen!

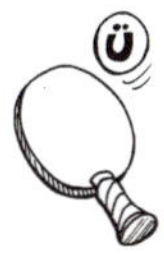

Das ist eine **Übung (Training)**!

Das ist eine **Übung, die km bringt**.

Das heißt: **Energie tanken!**

Nicht nur an die empfohlenen Pausen sollt ihr euch halten (alle 30-45 Minuten), auch die Energie spendenden Durchstartübungen bringen sehr viel. Denn: auf einer langen Reise ist Tanken eine Überlebensfrage!

Also, kommt ihr? *Allora, venite?*

Kommt doch, Leute, lasst mich nicht allein mit ihr. Sie ist manchmal nicht zu bremsen (doch ihr Name steht für Qualität).

Lenny, sei pronto? Bist du bereit, Lenny? Dann fahren wir, *allora, partiamo*!

Buon viaggio! Gute Reise!

Fulvia
e Lenny

DIECI CONSIGLI (10 Lerntipps)

Diese zehn Punkte solltest du beim Lernen beachten:

1. Zeitplan.
Trage in einen Kalender alle **Prüfungstermine** ein. Markiere die Tage, die du zum Lernen vor einer Prüfung brauchst. Das schafft Überblick.

2. Stoffübersicht.
Erstelle eine **Liste der** einzelnen **Prüfungsgebiete**, lasse daneben Platz zum Abhaken. Das spornt dich an und gibt dir Übersicht.

3. Entspannen.
Beginne nicht sofort nach der Schule mit den Aufgaben. Eine einstündige **Entspannungspause** fördert deine Konzentration.

4. Arbeitsplatz.
Richte dir einen eigenen Arbeitsplatz ein. Auf diesem **ordne übersichtlich** deine Unterlagen.

5. Aufwärmen.
Verwende dazu unsere Durchstartübungen. **Lerngymnastik** steigert deinen Lernerfolg. Außerdem bist du damit deinen Mitschülern um die berühmte Nasenlänge voraus.

6. Strukturieren.
Was du gliederst, kannst du besser behalten. **Markiere** Wesentliches **bunt**, mache dir am Rand Notizen.

7. Pausen.
Nach 30 bis 45 Minuten Lernen lässt deine Konzentration nach. Lege daher eine etwa **10 Minuten** lange Pause ein. In der Pause mache eine Durchstartübung. Nach der Pause schreibst du eine nicht besonders anstrengende Hausaufgabe. Dann erst lernst du weiter. Auch **dein Gehirn liebt** die **Abwechslung**.

10 Lerntipps

8. Motivieren.
Jeden Tag nach dem Lernen sollte es etwas geben, worauf du dich **freuen** kannst (spielen, in die Pizzeria gehen, Topolino lesen ...).

9. Wiederholen.
Beim Wiederholen festigst du den Stoff. Ein heißer Tipp: **Abendwiederholung**. Das Gehirn lernt weiter, während du schon schläfst. Das funktioniert aber nur, wenn du nach der Abendwiederholung dein Gehirn mit nichts anderem mehr belästigst.

10. Prüfung.
Wenn du ängstlich bist, **„spiele"** zu Hause **Prüfung**. Das macht selbstbewusster, und du gehst gestärkt zur echten Prüfung.

Esame d'ammissione – Aufnahmsprüfung:

BASISWISSEN FÜR DEN ITALIENKENNER

(Wenn du die Prüfung nicht bestehst, musst du auf jeden Fall mitkommen!)

Kreuze die richtige Antwort an:

10/14

1. Die italienische Fahne ist
   - a) ☒ grün – weiß – rot
   - b) ☐ rot – weiß – grün
   - c) ☐ orange – gelb – grün
2. Die italienische Bundeshymne ist
   - a) ☐ *O sole mio*
   - b) ☐ *Azzurro*
   - c) ☒ *Fratelli d'Italia*
3. Die italienischen Nationalsportler werden genannt
   - a) ☐ *nostri*
   - b) ☒ *bravi*
   - c) ☐ *azzurri*
4. Die italienische Hauptstadt ist
   - a) ☐ *Milano*
   - b) ☐ *Capitale*
   - c) ☒ *Roma*
5. Abverkauf heißt
   - a) ☐ *soldi*
   - b) ☒ *saldi*
   - c) ☐ *sale*
6. Ein Espresso mit etwas Milch
   - a) ☒ *macchiato*
   - b) ☐ *corretto*
   - c) ☐ *ristretto*
7. *Pedaggio* bedeutet
   - a) ☐ Maut
   - b) ☒ Fußpflege
   - c) ☐ Schule
8. Das italienische Nationalgericht ist
   - a) ☒ *pasta*
   - b) ☐ *pasticcio*
   - c) ☐ *panettone*
9. Die Stadt, nach der die klassische Spaghettisauce benannt ist, heißt
   - a) ☐ *Polonia*
   - b) ☐ *Parma*
   - c) ☒ *Bologna*
10. Für ein *Tiramisù* braucht man
    - a) ☐ *gorgonzola*
    - b) ☒ *mascarpone*
    - c) ☐ *mozzarella*
11. Der höchste Berg Italiens ist der
    - a) ☐ *Monte Blu*
    - b) ☐ *Monte Rosa*
    - c) ☒ *Monte Bianco*
12. Der größte Fluss ist der
    - a) ☐ *Pi*
    - b) ☐ *Pa*
    - c) ☒ *Po*
13. Welches dieser drei Wörter ist das süßeste?
    - a) ☒ *amaro*
    - b) ☐ *amara*
    - c) ☐ *amore*
14. Welche dieser drei Pizzas ist die einfachste?
    - a) ☐ *Cardinale*
    - b) ☐ *Marinara*
    - c) ☒ *Capricciosa*

Wie bilde ich einen ganz normalen Satz?

Der Satzbau ist wie im Deutschen: Subjekt – Prädikat – Objekt

Subjekt	Prädikat	Objekt
Ich	liebe	Italien.
Io	*amo*	*l'Italia.*
	Amo	*l'Italia.*

Die Verbform drückt auch die Person aus. Das Nennen des Subjekts ist grammatikalisch überflüssig, wenn der Zusammenhang im Text oder die Situation klarmacht, um wen oder was es geht.

amo = io amo

Wenn ich allerdings die Person hervorheben oder betonen will, sage ich sie dazu.

* Ich habe die Pizza da bestellt!

Sobald es klar ist, um wen es sich handelt, kann das **Pronomen** sogar störend wirken.

Pronomen überflüssig:	Besser:
Fulvia ha 15 anni. ***Lei*** *è italiana.*	*Fulvia ha 15 anni. È italiana.*
Lei *è simpatica.* ***Lei*** *abita a Milano.*	*È simpatica. Abita a Milano.*

Fulvia ist 15. Sie ist Italienerin. Sie ist sympathisch. Sie wohnt in Mailand.

Wie verneine ich?

♦ Um zu verneinen, brauchen wir nur ein ***non*** **unmittelbar vor das Verb** zu setzen:

Vuoi mangiare?	*No, **non** voglio mangiare.*
Willst du essen?	Nein, ich will **nicht** essen.

Questa è Roma?	*Questa **non** è Roma.*
Ist das Rom?	Das ist **nicht** Rom.

bzw. vor Pronomen und Verb *(c'è, ti chiami)*:

Laura c'è?	*Laura **non** c'è.*
Ist Laura da?	Laura ist **nicht** da.

Ti chiami Sandra?	*No, **non** mi chiamo Sandra.*
Heißt du Sandra?	Nein, ich heiße **nicht** Sandra.

♦ Neben der einfachen (aus einem Teil, dem ***non,*** bestehenden) gibt es auch die „doppelte Verneinung".

Non	*conosco*	***nessuno**.*
	Ich kenne	niemanden.
Non	*rido*	***mai**.*
	Ich lache	nie.
Non	*faccio*	***niente**.*
	Ich mache	nichts.

Wie stelle ich eine Frage?

- Bei der **Ja/Nein-Frage** genügt es, an den Aussagesatz ein Fragezeichen anzuhängen bzw. den Satz fragend zu „singen".

Hast du Hunger?	***Hai fame?***
Du hast Hunger.	*Hai fame.*

- Bei der **Frage mit Fragewort** kann man mehr variieren. Das Subjekt kann ganz am Anfang oder ganz am Ende stehen

Subjekt			
Tu	*come*	*ti chiami?*	
	Come	*ti chiami*	*tu?*
			Subjekt

oder gar nicht da sein:

***Come** ti chiami?*
Wie heißt du?

***Chi** sei?*	**Wer** bist du?
*(**Che**) **cosa** fai?*	**Was** machst du?
***Quanti** anni hai?*	**Wie** alt bist du?
***Dove** abiti?*	**Wo** wohnst du?
***Perché** sei qui?*	**Warum** bist du hier?
***Quando** parti?*	**Wann** fährst du weg?

Wie sage ich, wenn ich nicht „du" sagen darf?

Mit der **Höflichkeitsform** spreche ich einen Erwachsenen, der für mich fremd und/oder eine Respektsperson ist, in der 3. Person an.

io sono	ich bin	
tu sei	du bist	
lui / **lei** è	er / **sie** ist	**Lei è**
noi siamo	wir sind	
voi siete	ihr seid	
loro sono	sie sind	**Sie sind**

Höflichkeitsform

Im Deutschen kann ich mit derselben Form eine oder mehrere Damen oder Herren ansprechen, im Italienischen nur **eine Person. Eine Dame** oder **ein Herr** werden mit dem **weiblichen Pronomen *Lei*** angesprochen. Für mehrere Personen würde ich die 2. (***voi***) oder, um ganz förmlich zu sein, die 3. P. Mehrzahl (***loro***) verwenden.

Lenny: *Signorina Ferrari, **L**ei è la più bella!*
Fräulein Ferrari, **S**ie sind die Schönste!

Fulvia: *Signor Lenker, **L**ei è molto gentile!*
Herr Lenker, **S**ie sind sehr nett!

Achtet darauf, dass das Pronomen ***Lei*** in der Höflichkeitsform immer großgeschrieben ist.

Es ist einfach, die italienische Aussprache und Schreibung zu lernen. Man muss nur ein paar Tricks kennen.

Akzent (*accento*): die Betonung

Es geht darum, auf welcher Silbe der Akzent liegt. Wenn ich es richtig mache, klingt das Wort gut, ansonsten klingt es ... irgendwie falsch, obwohl sonst alles okay ist .
Wenn jemand statt Par**i**s etwa P**a**ris sagt, kommt es dir auch komisch vor, oder? Die Beispiele sind allesamt Städtenamen.

- Normalerweise ist die vorletzte Silbe betont.

- Wenn der Akzent auf dem Schlussvokal liegt, wird das durch ein Zeichen deutlich gemacht. (Akzent)

- In manchen Wörtern liegt die Betonung aber auf der dritt- oder viertletzten Silbe

und darauf macht einen normalerweise niemand aufmerksam! Man muss es einfach wissen. Man kann sich helfen, indem man, wenn man es einmal weiß, ganz „inoffiziell" unter dem betonten Vokal einen kleinen Punkt macht.

Akzente (sichtbare Zeichen) gibt es nur auf dem allerletzten Buchstaben eines Wortes. Sie dienen der richtigen Aussprache, aber auch der Bedeutungsunterscheidung:

ohne Akzent	**mit Akzent**
e = und	è = ist
la = die	*là* = dort
papa = Papst	*papà* = Papa
pero = Birnbaum	*però* = aber

Apostroph (*apostrofo*)

Es gibt zwei „Beistriche in der Luft": den Akzent und den Apostroph. Wenn ein Wort mit Vokal endet und das nächste mit Vokal beginnt, wird der erste Vokal meistens verschluckt, er verschwindet und macht in der Schrift einem Apostroph Platz. Dieser sieht aus wie ein einfaches Anführungszeichen.

(lo amore)	*l'amore*
(la aranciata)	*l'aranciata*
(ci è)	*c'è*

Die Regel betrifft vor allem die Artikel und Pronomen in der Einzahl.

Aussprache (*pronuncia*)

Man liest alles so, wie es dasteht. Nur bei den Buchstaben c, sc, und g muss man eine Regel kennen. Die geht so:

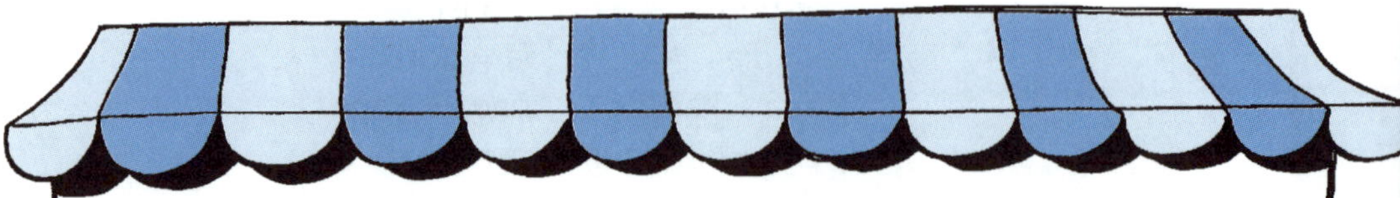

c = /**k**/	→	***c****asa*/**k**asa/Haus ***c****hi*/**k**i/wer
c vor e und i = /**tsch**/	→	***ci****ao*/**tsch**ao/servus
sc = /**sk**/	→	***sc****arpa*/**sk**arpa/Schuh ***sc****hiavo*/**sk**iawo/Sklave
sc vor e und i = /**sch**/	→	***sci****opero*/**sch**opero/Streik
g = /**g**/	→	***g****razie*/danke; ***g****hetto*/Getto
g vor e und i = /**dsch**/	→	***ge****lato*/**dsch**elato/Eiscreme

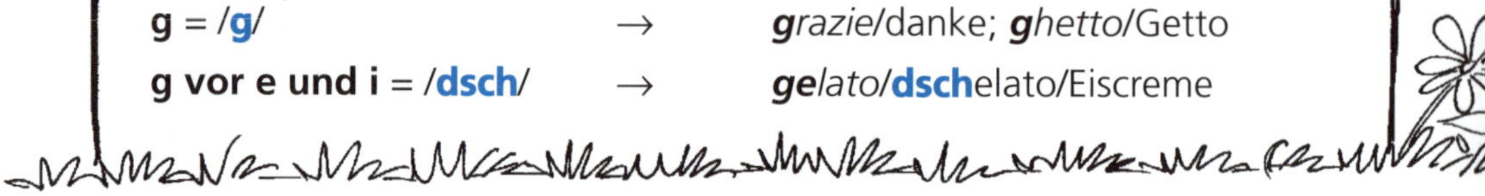

h macht hart: ***ci*** = /**tschi**/ → ***chi*** = /**ki**/
i macht weich: ***ca*** = /**ka**/ → ***cia*** = /**tscha**/

Teile jetzt folgende Wörter nach den enthaltenen Lauten ein:

arancia, Coca-Cola, zucchero, prosciutto, cotto, cetriolini, liscio, gelato, dolce, crema, cornetto, caldo, funghi, formaggio, asparagi, cucchiaino, schiuma, sciroppo, gusti, gamberetti, giovane, piccolo, grande, sconto

/k/	Coca-Cola, zucchero, cotto crema cornetto caldo cucchiaino piccolo
/tsch/	arancia (prosciutto) cetriolini (liscio) dolce
/g/	funghi gusti gamberetti grande
/dsch/	gelato formaggio asparagi giovane
/sk/	schiuma sconto
/sch/	sciroppo

POWERMUDRA

Müde? Erschöpft? Verzweifelt?
Das Powermudra gibt dir Kraft für deine Aufgaben:

Du legst Daumen und Ringfingerkuppen zusammen und den Zeigefinger auf das erste Daumengelenk.
Du kannst es auch nur mit rechter oder linker Hand halten.
Dauer der Übung: mindestens 3 Minuten. Führe das Powermudra mindestens 6-mal täglich durch.

Stell dir einmal vor,
du bist Besitzer eines tollen Autos. Es kann schnell fahren, es bringt dich gut und sicher an jedes von dir gewünschte Ziel. Du braust gerade auf der Autobahn dahin, aber plötzlich stottert der Motor. Du drückst stärker aufs Gaspedal, trotzdem wird dein Auto immer langsamer und bleibt sogar stehen. Du kannst nun schimpfen, einen Kopfstand machen, das Auto neu lackieren, die Mitfahrer rausschmeißen – das Auto wird sich keinen Zentimeter bewegen. Wenn dein Auto keinen Treibstoff mehr hat, kannst du tun, was du willst. Du musst das Richtige tun: **TANKEN!** Dann kannst du deine Fahrt fortsetzen und kommst ans Ziel.

Ebenso ist es mit deiner eigenen Kraft. Wenn deine Energie zu niedrig ist, hast du es sehr schwer, eine gute Lernleistung zu erbringen. Von leicht und locker zu schaffen, was Lehrer und Eltern von dir fordern, ganz zu schweigen.
Unlust, Müdigkeit, Ärger oder Verzweiflung breiten sich in deinem Körper aus. Sie zehren an deiner Energie. Wie willst du aber eine Leistung bringen, wenn dein Tank leer ist?

Daher heißt's auftanken mit dem Powermudra!

Erste Etappe – *Prima tappa:*

Milano → Venezia

ARTIKEL, SUBSTANTIVE, ADJEKTIVE

Fulvia: Aber in erster Linie geht es hier zunächst um ... das Essen!

Lenny: Jaa! Ich habe sowieso schon so einen Hunger.

Fulvia: *Anch'io.* Ich auch.

Lenny: Und Durst.

Fulvia: *Esatto. Abbiamo fame e sete.* Wir haben Hunger und Durst.

Ü 2 Kannst du hier zwischen Ess- und Trinkbarem unterscheiden? Unterstreiche das Essbare! 9 Wörter bleiben über.

Was uns noch interessiert:

- welche **bestimmten und unbestimmten Artikel** es gibt und mit welchen Substantiven sie zusammenpassen;
- welche **Endungen** es bei den Substantiven und Adjektiven für **weiblich, männlich, Einzahl und Mehrzahl** gibt;
- wie man Artikel, Adjektiv und Substantiv aufeinander abstimmt (***accordo*** – Übereinstimmung).

Artikel

Jedes Substantiv hat ein **grammatikalisches Geschlecht**, das aber nicht in allen Sprachen gleich ist.

il sole (männlich)	die Sonne
la luna (weiblich)	der Mond
il latte (männlich)	die Milch
la mela (weiblich)	der Apfel

Im Deutschen gibt es

- drei verschiedene Geschlechter: männlich ↓ **der**, weiblich ↓ **die**, sächlich ↓ **das**
- drei verschiedene bestimmte Artikel: **der** **die** **das**

Im Italienischen gibt es

- zwei verschiedene Geschlechter: männlich, weiblich
- sieben verschiedene bestimmte Artikel: ***il, lo, l', la, i, gli, le***

Dafür gibt es im Deutschen die 4 Fälle mit allen Abwandlungsformen, diese gibt es im Italienischen nicht.

Im Italienischen werden die Präpositionen verwendet, um Beziehungen auszudrücken. Aber davon später.

Deutsch	**Italienisch**
drei Geschlechter: männl., weibl., sächl.	zwei Geschlechter: männl., weibl.
drei Artikel	sieben Artikel
Fälle	keine Fälle, „nur" Präpositionen

Lenny: Wie weiß ich jetzt bei sieben verschiedenen Artikelformen, welche ich nehmen soll?

Fulvia: Das hängt von **Geschlecht** und **Anfangsbuchstaben** des Substantivs ab.

Lenny: Buchstaben kenne ich auseinander, aber woran erkenne ich das Geschlecht? Wahrscheinlich muss ich es mir einfach merken?

Oft helfen dabei die Endungen:

Bestimmter Artikel

MÄNNLICH – EINZAHL

Artikel	vor
il	allen Konsonanten außer:
lo	z, s + Kons.*, ps, gn, y, x
l'	allen Vokalen, h

Vokale
a e i o u

***s + Konsonant**	sb, sc, sd, sl, sp, sq, sr, st, sv

Unterstreiche die Wörter in der Box in verschiedenen Farben;
il = rot, *lo* = grün, *l'* = gelb

prosecco, tè, espresso, strudel, ghiaccio, cornetto, amaro, hot dog, toast, tramezzino, sandwich, arrosto, tonno, formaggio, burro, pollo, speck, limone, sciroppo, gnocco, tiramisù, panettone, amaretto

Ü 4

In jeder Nummer steckt ein Substantiv, das mit seinem Artikel nicht zu den drei anderen passt. Finde es heraus.

1. *zucchero, gnocco, strudel, sandwich*
2. *hot dog, antipasto, espresso, toast*
3. *tramezzino, pollo, zucchino, gelato* ✓

Ü 5

Setze die Artikel ein.

1. il *vino,* 2. il *latte,* 3. il *pesce,* 4. il *prosciutto,* 5. il *gelato,*
6. lo *spumante,* 7. il *pomodoro,* 8. lo *zucchino,* 9. il *risotto,*
10. il *cappuccino,* 11. il *panino,* 12. il *salame,* 13. l' *antipasto,*
14. il *melone* ✓

MÄNNLICH – MEHRZAHL

Einzahl	Mehrzahl	Beispiel
il	***i***	*il gelato; i gelati*
lo	***gli***	*lo spumante; gli spumanti*
l'	***gli***	*l'espresso; gli espressi*

Ü 6

Einige Substantive von Übung 3 gebe ich dir jetzt in der Mehrzahl an. Setze die Artikel ein.

1. gli *espressi,* 2. i *cornetti,* 3. i *tramezzini,*
4. gli *hot dog,* 5. i *funghi,* 6. i *formaggi,*
7. gli *gnocchi,* 8. gli *amari* ✓

Ü 7

Welcher Artikel ist falsch?

1. *i spumanti* (gli)*, gli zucchini, i tramezzini*
2. *gli amari, gli hot dog, gli cappuccini* i
3. *l'antipasti, i pesci, i pomodori* ✓ gli

weiblich Ez u. Mz

	Einzahl	Mehrzahl
vor Konsonant	**la**	**le**
vor Vokal	**l'**	**le**

In der Mehrzahl ist der weibliche Artikel immer ***le***, in der Einzahl ***la***, außer vor Vokal, dann ist es ***l'***.

Fulvia: Bitte sehr, und dabei heißt es immer, die Frauen seien soo kompliziert!

8 Setze die Einzahlartikel ein.

1. la pasta *4. la ciabatta*

2. la carne *5. l' aranciata*

3. l' acqua *6. la mortadella*

9 Setze die Einzahl- und Mehrzahlartikel ein.

1. la mela → le mele

2. l' aranciata → le aranciate

3. la melanzana → le melanzane

4. la bistecca → le bistecche

5. la pizzetta → le pizzette

10 Wie lauten die männlichen und weiblichen Artikel dieser bekannten italienischen Vorspeisen (alle in der Mehrzahl)?

1. le penne, 2. gli spaghetti, 3. gli gnocchi, 4. i cannelloni, 5. le lasagne, 6. i maccheroni, 7. le tagliatelle, 8. i ravioli, 9. i tortellini

Lenny: Fulvia, wenn ich etwas bestelle, sage ich aber nicht: bitte den Kaffee, sondern ich sage: bitte **einen** Kaffee.

Fulvia: Klar, unbestimmte Artikel haben wir auch: ***un, uno, una, un'***. Die Mehrzahl lernen wir auf Seite 139.

Unbestimmter Artikel

Er richtet sich nach den Anfangsbuchstaben, nach dem bekannten Prinzip:

männlich	
bestimmt	**unbestimmt**
il	***un***
lo	***uno***
l'	***un***

weiblich	
bestimmt	**unbestimmt**
la	***una***
l'	***un'***

Ü 11

Bestellt euch je ein/e/n ...! *Cameriere, vorrei ...* (Herr Ober, ich möchte ...)

1. ____ acqua minerale, 2. ____ gelato, 3. ____ bicchiere di latte, 4 ____ caffè, 5. ____ strudel, 6. ____ hot dog, 7. ____ spumante, 8. ____ toast, 9. ____ panino, 10. ____ pizzetta, 11. ____ cornetto, 12. ____ aranciata, 13. ____ spremuta

Lenny: Fulvia, ich habe schon wieder soo einen Hunger! Wer weiß, wie groß die Portionen sind? Wie sagt man denn: Ich möchte bitte viele Spaghetti?

Fulvia: Viele Spaghetti? ***Molti*** *spaghetti!*

molti	viele (männlich)
molte	viele (weiblich)

Ü 12

Also, bestellen wir uns viele ...:

1. ________ penne, 2. ________ tortellini, 3. ________ ravioli, 4. ________ tagliatelle, 5. ________ cannelloni

Lenny: Wie frage ich, ob es etwas überhaupt gibt? Z. B.: Gibt es Pizza?

Fulvia: Da sagst du: ***C'è la pizza****?*

c'è	Ez.	es gibt, da ist (vgl. Engl. *there is*)
ci sono	Mz.	es gibt, da sind (*there are*)

Ü 13 *Cosa c'è nella pancia di Lenny?* Was ist in Lennys Bauch?

gelati, tramezzini, pizzetta, panino, hot dog, cornetti, toast, funghi, mele

(Die Dinge, die öfter vorkommen, sind in der Mehrzahl angegeben.)

Beispiel: *Ci sono 2 gelati.*

Ci sono 10/molti funghi / 8 mele
C'è una pizzetta / un hot dog

Ci sono 5 cornetti
C'è un panino
Ci sono 3 tramezzini
C'è un toast

Ü 14 Übersetze:

1. die Spaghetti gli spaghetti
2. ein Bier una birra
3. viele Weine molti vini
4. der Cappuccino il cappucino
5. viele Lasagne molte lasagne
6. das Wasser l'acqua
7. die Äpfel le mele
8. eine Pizza una pizza
9. ein Tramezzino un tramezzino
10. die Gnocchi gli gnocchi

Ab 7 richtigen Lösungen darfst du den ersten km-Stein auf der Italienkarte (Seite 157) durchstreichen.

Lenny: *Devo andare in bagno.* Ich muss auf die Toilette.

Fulvia: *Anch'io! Ah, bene, eccoci qua.* Ich auch! Gut, da sind wir schon. Links die Männer, rechts die Frauen. Und gleichzeitig eine

Übersicht über die Artikel

Bestimmter Artikel	
il → i	vor Konsonant
lo → gli	vor s + Konsonant, z, gn, ps, y, x
l' → gli	vor Vokal, h

Unbestimmter Artikel	
un	vor Konsonant
uno	vor s + Konsonant, z, gn, ps, y, x
un	vor Vokal, h

Bestimmter Artikel	
la → le	vor Konsonant
l' → le	vor Vokal

Unbestimmter Artikel	
una	vor Konsonant
un'	vor Vokal

Substantive

Die Substantive bilden die Mehrzahl, indem sie die Endung verändern.

	Ez.	Mz.	Beispiel
Männl.	-*o*	-*i*	*panin**o** – panin**i***
	-*e*	-*i*	*melon**e** – melon**i***
Weibl.	-*e*	-*i*	*carn**e** – carn**i***
	-*a*	-*e*	*pizz**a** – pizz**e***

männl a → i

Setze folgende Wörter in die Mehrzahl (ohne Artikel).

Besonderheiten:

- Männliche Wörter auf -*a* bilden die Mehrzahl auf -*i*:

*il problem**a** – i problem**i***
*il telegramm**a** – i telegramm**i***
*l'atlet**a** – gli atlet**i***

- Wörter, die in der Mehrzahl unverändert bleiben:

Endung: Vokal mit Akzent	Endung: Konsonant	Weibl. Wörter auf -*o*
*la citt**à** – le citt**à***	*il ba**r** – i ba**r***	*la fot**o** – le fot**o***
*il caff**è** – i caff**è***	*il fil**m** – i fil**m***	*la radi**o** – le radi**o***
*il tass**ì** – i tass**ì***	*l'hote**l** – gli hote**l***	*l'aut**o** – le aut**o***

16 Kreuze die möglichen Kombinationen an:

	il	lo	l'	i	gli	la	le	
1. caffè	X			X				caffè
2. radio						x	x	radio
3. problema	x			(x)				problemi
4. bar	x			x				bar
5. acqua			x				(x)	acque
6. spumante		x			(x)			spumanti
7. pizze							x	

17 Kreuze die möglichen Kombinationen an:

	il	lo	l'	i	gli	la	le
1. strudel		x			x		
2. auto			x				x
3. zucchino		x					
4. tiramisù	x			x			
5. tramezzini				x			
6. hot dog			x		x		
7. spremuta						x	

18 Setze folgende Ausdrücke in die Mehrzahl:

1. il panino i panini
2. lo zucchino gli zucchini
3. il sandwich i sandwich
4. l'acqua minerale le acque minerali
5. il prosciutto i prosciutti
6. il salame i salami
7. lo spumante gli spumanti
8. la pasta le paste
9. il risotto i risotti
10. il gelato i gelati
11. la pizza le pizze
12. l'aperitivo gli aperitivi
13. l'aranciata le aranciate
14. il formaggio i formaggi
15. lo strudel gli strudel
16. l'espresso gli espressi
17. il toast i toast
18. l'insalata le insalate
19. il tè i tè

Ab 13 richtigen Lösungen darfst du den nächsten km-Stein (Seite 157) durchstreichen.

18/20

Übereinstimmung

Einz.	Mehrz.
-o	*-i*
-a	*-e*
-e	*-i*

Die richtige Kombination von **Substantiv- und Adjektivendung** heißt ***accordo*** (Übereinstimmung). Das Adjektiv muss immer die gleiche Zahl und das gleiche Geschlecht wie das Substantiv haben. Die **Endungen** und die Pluralbildung der Adjektive sind wie bei den Substantiven.

Es gibt Adjektive mit zwei **Endungen** (*piccol**o*** – *piccol**a*** = klein) und solche mit einer (*grand**e*** = groß).

Adjektiv		Einzahl	Mehrzahl
Mit 2 **Endungen**:			
maskulin	→ **-o**	*piccol**o** (m)*	*piccol**i** (m)*
feminin	→ **-a**	*piccol**a** (f)*	*piccol**e** (f)*
Mit einer **Endung**:			
maskulin + feminin	→ **-e**	*grand**e** (m+f)*	*grand**i** (m+f)*

Folgende **Endungen** sind bei den 2 Geschlechtern also möglich:

Geschlecht	Einzahl	Mehrzahl
männlich	*-o/-e*	*-i*
weiblich	*-a/-e*	*-e/-i*

Welche Kombinationen vorkommen, siehst du an den Beispielen in der folgenden Tabelle.

	Einzahl		Mehrzahl	
Männl.	*panin**o***	*piccol**o***	*panin**i***	*piccol**i***
	*panin**o***	*grand**e***	*panin**i***	*grand**i***
	*ristorant**e***	*piccol**o***	*ristorant**i***	*piccol**i***
	*ristorant**e***	*grand**e***	*ristorant**i***	*grand**i***
Weibl.	*birr**a***	*piccol**a***	*birr**e***	*piccol**e***
	*birr**a***	*grand**e***	*birr**e***	*grand**i***
	*mineral**e***	*piccol**a***	*mineral**i***	*piccol**e***
	*mineral**e***	*grand**e***	*mineral**i***	*grand**i***

Ü 19 Ergänze die fehlenden Teile.

		Einzahl		Mehrzahl		
1.	*il*	*tramezzino*	freddo	i	*tramezzini*	*freddi*
2.	l'	*aranciata*	*dolce*	*le*	arancate	*dolci*
3.	*la*	cioccolata	*calda*	le	*cioccolate*	*calde*
4.	*il*	*caffè*	*amaro*	i	*caffè*	amari
5.	la	pizza	*grande*	*le*	*pizze*	*grandi*
6.	*l'*	*acqua*	minerale	le	*acque*	*minerali*

caldo/a	*freddo/a*	*dolce*	*amaro/a*
warm	kalt	süß	bitter

il caffè ristretto

Fulvia: Lenny, du alter Feinschmecker, kannst du die Zusammensetzung folgender Gerichte erraten?

Ü 20

1	*l'insalata* ✓	4	*capricciosa* ✓
2	*la tavola*	3	*rosso* ✓
3	*il vino* ✓	6	*viennese*
4	*la pizza* ✓	2	*calda* ✓
5	*lo strudel*	1	*mista* ✓

6	*il caffè* ✓	7	*crudo* ✓
7	*il prosciutto* ✓	5	*ristretto*
8	*le patatine* ✓	10	*calda* ✓
9	*gli antipasti* ✓	8	*fritte* ✓
10	*la cioccolata* ✓	9	*freddi* ✓

ristretto = enger gemacht

le patatine fritte = Pommes 2x

Ü 21 Setze die Adjektive an die richtige Stelle, füge auch den bestimmten Artikel ein.

bianco, minerale, alcolici, italiani, bolognese

1. la salsa bolognese ✓
2. l'acqua minerale ✓
3. il vino bianco ✓
4. gli aperitivi alcolici
5. gli spumanti italiani

1x

Ü 22 Setze folgende Kombinationen in die Mehrzahl.

1. *la pizza marinara*	le	pizze	marinare
2. *il caffè freddo*	i	caffè	freddi
3. *l'aperitivo analcolico*	gli	aperitivi	analcolici
4. *la cassata siciliana*	le	cassate	siciliane
5. *l'hot dog americano*	gli	hot dog	americani

PAUSE Ab 12 richtigen Formen darfst du zum nächsten km-Stein „weiterfahren".

Stellung des Adjektivs

Das Adjektiv steht meist nach dem Substantiv.

	Substantiv	**Adjektiv**
la	*cioccolata*	***calda***
die	Schokolade	**heiße**

NACHGESTELLTE ADJEKTIVE

- Farbadjektive (siehe Seite 41)
  il vino ***rosso***

- Nationalitätsbezeichnungen (siehe Seite 39)
  il vino ***italiano***

- Adjektive, die mit ***molto*** (sehr) verstärkt sind.

una	*pizza*	***molto***	***buona***
eine	Pizza	sehr	gute

- Wenn **mehrere Adjektive** ein Substantiv ergänzen.

una	*pizza*	***buona e calda***
eine	Pizza	gute und heiße

VORGESTELLTE ADJEKTIVE

- Von Ordnungszahlen abgeleitete Adjektive:
  il ***primo*** *piatto*

primo/a	*secondo/a*	*terzo/a*	*quarto/a*	*quinto/a*
erste/r	zweite/r	dritte/r	vierte/r	fünfte/r

- Demonstrativadjektive:
  questo *ragazzo*, ***quella*** *ragazza*

questo/a	*quello/a*
diese/r	jene/r

♦ Bei folgenden häufig gebrauchten Adjektiven hat sich die Stellung **vor dem Substantiv** eingebürgert: ***buono, bello, grande, piccolo***

*una **buona** pizza*	*una **bella** città*	*un **grande** amore*	*un **piccolo** problema*
eine gute Pizza	eine schöne Stadt	eine große Liebe	ein kleines Problem

Wenn diese Adjektive nachgestellt werden, deutet es auf eine Hervorhebung hin:

Siena	*è*	*una città **piccola**. Ma è famosa.*
Siena	ist	eine kleine Stadt. Aber sie ist berühmt.

♦ ***Caro/a*** ändert sogar seine Bedeutung:

una	***cara***	*amica*	eine **liebe** Freundin
una	*città*	***cara***	eine **teure** Stadt

Ü 23

Kreuze die richtigen Beispiele an:

1. ❑ *una buona pizza*
2. ❑ *una pizza cardinale*
3. ❑ *la cara Fulvia*
4. ❑ *un molto freddo caffè*
5. ❑ *un gelato buono, ma caro*
6. ❑ *una bella birra fredda*
7. ❑ *l'hotel molto caro*

Ü 24

Kreuze die vier richtigen Beispiele an:

1. ❑ *il rosso vino*
2. ❑ *un piccolo problema*
3. ❑ *l'italiano ristorante*
4. ❑ *la grande città*
5. ❑ *una cioccolata calda e buona*
6. ❑ *il molto buono tramezzino*
7. ❑ *il grande amore*

Ab drei richtigen Beispielen darfst du den nächsten km-Stein (Seite 157) durchstreichen.

Tipp: Nachstellen stimmt fast immer (außer bei *primo* und *questo*)!

questo/questa (dieser/diese)

Es verhält sich auch wie ein Adjektiv und wird mit dem Substantiv übereingestimmt.

***Questo è** un hot dog.*	Das (dieser) ist ein Hotdog.
***Questa è** una margherita.*	Das (diese) ist eine Margherita.

***Questi sono** panini al prosciutto.*	Das (diese) sind Sandwiches mit Schinken.
***Queste sono** insalate miste.*	Das (diese) sind gemischte Salate.

Ü 25 Übersetze: *Vorrei* ... (ich möchte)

1. diese Pizza
2. diesen Wein
3. diese Tramezzini
4. dieses Bier
5. diesen Schinken
6. diese Schokolade
7. diese Zucchini

ERDKNÖPFE UND RAUMKNÖPFE

Du liest etwas, kannst es dir aber nur schwer merken?

Halte deine Erdknöpfe:

Du berührst mit je zwei Fingern der einen Hand den Rand deines Schambeins und mit zwei Fingern der anderen Hand den Punkt unterhalb der Unterlippe.

Dauer der Übung: 2 Minuten.

Passieren dir Fehler beim Abschreiben von der Tafel?

Halte deine Raumknöpfe:

Du berührst mit zwei Fingern der einen Hand das Steißbein. Es befindet sich am unteren Ende der Wirbelsäule. Mit zwei Fingern der anderen Hand berührst du den Punkt oberhalb der Oberlippe.
Die Erdknöpfe und Raumknöpfe kannst du auch sanft massieren.

Dauer der Übung: 2 Minuten

Besondere Formen: *bel, quel, buon*

* Wer ist der schöne Ragazzo dort?

Lenny: Wer der schöne Ragazzo dort ist? Fulvia, du interessierst dich aber sehr für diese Ragazzi!

Bello und *quello* vor dem Substantiv haben abweichende Formen, die analog zum bestimmten Artikel sind.

il	***l'***	***lo***	***i***	***gli***
*be**l***	*bell**'***	*bel**lo***	*be**i***	*be**gli***
*que**l***	*quel**l'***	*quel**lo***	*que**i***	*que**gli***

Buono (nur männlich!) verliert, wenn es vorgestellt ist, das *-o*.
un buon vino rosso: ein guter Rotwein.

buongiorno	guten Tag
buonanotte	gute Nacht
buonasera	guten Abend
buon viaggio	**gute Reise**
buon appetito	guten Appetit

buona fortuna	viel Glück
buon compleanno	alles Gute zum Geburtstag
buon Natale	frohe Weihnachten
buona Pasqua	frohe Ostern

Ü 26 Setze die richtige Form von *quello/a* vor folgende Wörter:

1. ________ *zoo* 2. ________ *ristorante* 3. ________ *hotel*

4. ________ *città* 5. ________ *amico* 6. ________ *spumante*

7. ________ *trattoria* 8. ________ *pizza*

Ü 27 Setze die richtige Form von *bello/a* vor folgende Wörter:

1. ________ *film* 2. ________ *uomo* 3. ________ *città*

4. ________ *studente* 5. ________ *spagnolo* 6. ________ *paese*

7. ________ *vista* 8. ________ *ragazze* 9. ________ *bambini*

Kombiniere nach dem Muster: *Questi grandi ristoranti.*

1. Questi grandi	*vino*	*6. Quella cara*	*bar*
2. Quel buon	*americane*	*7. Questo*	*spaghetti*
3. Quei bei	*ragazza*	*8. Quel bel*	*mamma*
4. Quella bella	*ristoranti*	*9. Queste belle*	*signore*
5. Queste	*ragazzi*	*10. Quei buoni*	*vino*

Ab 7 richtigen Lösungen darfst du den nächsten km-Stein auf Seite 157 „ansteuern".

Personen beschreiben

Fulvia: *Lenny, il cameriere è simpatico, non trovi?* Der Kellner ist nett, findest du nicht? Und er sieht auch gut aus!

Lenny: Ist er dein Traummann? Wie ist dein Traummann eigentlich?

biondo	blond
bruno	dunkelhaarig
alto	groß
snello	schlank
bello	schön
carino	süß, lieb
_t_**i**_mido_*	schüchtern
allegro	fröhlich
estroverso	extrovertiert
geloso	eifersüchtig
rom**a**_ntico_*	romantisch
sportivo	sportlich
tranquillo	ruhig
simp**a**_tico_*	sympathisch
ricco	reich

forte	stark
sens**i**_bile_*	einfühlsam
arrogante	überheblich
intellettuale	intellektuell
gentile	freundlich
intelligente	intelligent

*** Achtung: Betonung!**

Präge dir diese Adjektive ein. Wenn du dabei an bestimmte Personen denkst, fällt es dir sicher noch leichter!

Ü 29 Übersetze die vorgegebenen Adjektive.

1. Il mio ragazzo ideale è

________________, ________________, ________________.
(groß) (schlank) (sportlich)

2. La mia ragazza ideale è

________________, ________________, ________________.
(dunkelhaarig) (fröhlich) (sportlich)

> *ragazzo/a* – Teenager, Jugendliche(r), Junggebliebene(r); in der Folge als Fremdwort verwendet.

Ü 30 *Non amo i ragazzi intellettuali!* Ich mag keine intellektuellen Ragazzi! Welche drei Eigenschaften möchtest du auf keinen Fall? Setze ein!

1. Non amo i ragazzi ____________, ____________, ____________.

2. Non amo le ragazze ____________, ____________, ____________.

3. Scrivi un annuncio.
(Schreibe eine kleine Kontaktanzeige.)

31 Kombiniere die passenden Satzteile (Sätze) miteinander:

1. Amo Brad Pitt.	*arrogante!*
2. Il mio ragazzo ideale	*le ragazze alte!*
3. Non sono	*è bella e simpatica.*
4. Non amo	*È alto, biondo e carino.*
5. Ornella Muti	*cerca ragazza gentile e tranquilla.*
6. Ami	*è romantico e sensibile.*
7. Bel ragazzo biondo	*i ragazzi sportivi, Fulvia?*

32 Übersetze:

1. diese sportlichen und lustigen Mädchen
2. jene große und dunkelhaarige Ragazzi
3. schüchterne und intelligente Mädchen
4. romantische und eifersüchtige Ragazzi
5. die einfühlsamen und freundlichen Mädchen
6. fesche und dunkelhaarige Ragazzi
7. ruhige und intellektuelle Mädchen

Ab 5 richtigen Übersetzungen geht's los zum nächsten km-Stein.

ACHTUNG AUSSPRACHE !

/tschi/	*simpatico*	→	*simpatici* /tschi/	*romantico*	→	*romantici* /tschi/
/ke/	*simpatica*	→	*simpatiche* /ke/	*romantica*	→	*romantiche* /ke/
/ki/	*ricco*	→	*ricchi* /ki/	*ricca*	→	*ricche* /ke/

33 Zwei Figuren mit verschiedenen Merkmalen. Wer ist wer? Wer ist wie?

❶

❷

PAUSE

Bruno, romantico e sensibile.

Simpatico e allegro. Famoso! Carissimo!

famoso – berühmt

Nationalitäten

americano/a	*francese*	*jugoslavo/a*	*svedese*
austriaco/a	*greco/a*	*olandese*	*svizzero/a*
belga	*inglese*	*russo/a*	*tedesco/a*
cinese	*italiano/a*	*spagnolo/a*	*turco/a*

Diese Wörter sind sowohl Adjektive als auch Substantive:

la ragazza svedese	das schwedische Mädchen
la svedese	die Schwedin
lo svedese	1. der Schwede 2. Schwedisch (Sprache)

Ü 34 Staatsbürger! Gib deren Einzahl und Mehrzahl mit Artikel an.

Belgier: *il belga* – *i belgi*

1. Amerikaner: ________ – ________
2. Österreicher: ________ – *gli austriaci /tschi/*
3. Chinese: ________ – ________
4. Franzose: ________ – ________
5. Grieche: ________ – *i greci /tschi/*
6. Engländer: ________ – ________
7. Italiener: ________ – ________
8. Jugoslawe: ________ – ________
9. Holländer: ________ – ________
10. Russe: ________ – ________
11. Spanier: ________ – ________
12. Schweizer: ________ – ________
13. Deutscher: ________ – *i tedeschi /ki/*
14. Türke: ________ – *i turchi /ki/*

Lenny: *Che lingue parli, Fulvia?* Welche Sprachen sprichst du?

Fulvia: *Parlo l'italiano, il tedesco, lo spagnolo, il francese, un po' di russo ...*

Lenny: *Basta, basta*, es reicht! Der Neid frisst mich!

Setze die Endungen und die Artikel ein.

1. *Carmen è spagnol___. Parla tre lingue: ______ spagnol___,*

   ______ tedesc___ e ______ ingles___.

2. *Ami le città tedesch___?*
3. *Adriano Celentano è un cantante e attore italian___.*
4. *___ ingles___ hanno molti buon___ calciator___.*
5. *La cucina grec___ non è molto legger___.*
6. *Isabelle Adjani è una famos___ attrice frances___.*
7. *Che lingue studi a scuola? ______ tedesc___ e ______ spagnol___.*

il cantante – der Sänger, *l'attore/l'attrice* – der Schauspieler/die Schauspielerin, *hanno* – sie haben, *il calciatore* – der Fußballer, *la cucina* – die Küche, *leggero/a* – leicht, *a scuola* – in der Schule

Ab 17 richtigen Lösungen darfst du den nächsten km-Stein auf Seite 157 durchstreichen.

Vero o falso? Stelle folgende Sätze richtig.

1. *Alexandra Meißnitzer è un'attrice americana.*
2. *Isabelle Adjani è una presentatrice austriaca.*
3. *William è un attore americano.*
4. *Oprah Winfrey è una sciatrice francese.*
5. *Leonardo Di Caprio è un principe inglese.*

Beispiel: *Alexandra Meißnitzer non è un'attrice americana. È una sciatrice austriaca.*

la presentatrice – die Fernsehmoderatorin
la sciatrice – die Schifahrerin
il principe – der Prinz

Farben

rosso/a – rot, *bianco/a* – weiß, *nero/a* – schwarz, *giallo/a* – gelb, *azzurro/a* – hellblau, *verde* – grün, *marrone* – braun, *arancione* – orange; *rosa* – rosa und *blu* – blau: unveränderlich!

Ü 37 Nummeriere die Obstsorten in der Illustration und bilde neun Sätze nach dem Muster:
Le fragole sono rosse.
(Die Erdbeeren sind rot.)

fragola ①	*anguria* ②	*arancia* ③
rossa	*verde* *rossa*	*arancione*

lampone ④	*pera* ⑤	*mela* ⑥
rosso	*verde* *gialla*	*rossa* *verde* *gialla*

banana ⑦	*pesca* ⑧	*limone* ⑨
gialla *marrone*	*gialla*	*giallo*

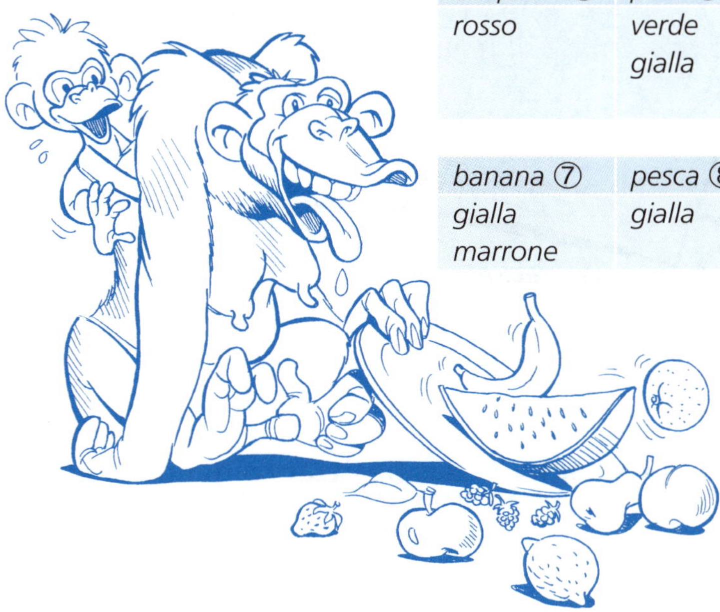

Ü 38 Setze die passenden Farbadjektive ein.

bianco, bianca, rosso, rosso, blu

1. *il Mar* ____________ (Meer)
2. ____________ *neve e i sette nani* (Märchen)
3. *Il Castello di Barba* ____________ (Märchen)
4. *il Monte* ____________ (Berg)
5. *Cappuccetto* ____________ (Märchen)

RÄTSEL 1

In italiano è rosso, in tedesco è giallo, in realtà (in Wirklichkeit) *è arancione. Dove lo trovi?* (Wo findest du es?)

Lo trovi dentro _____________ (Du findest es in ...)

1. l'uovo (Ei) *2. il sole* (Sonne) *3. la marmellata* (Marmelade)

RÄTSEL 2

È bianco e nero e si gira velocissimamente. Cos'è?

Es ist weiß und schwarz und dreht sich ganz schnell. Was ist es?

Das Possessivadjektiv[1]– das besitzanzeigende Adjektiv

Es wird behandelt wie ein vorgestelltes Adjektiv auf ***o/a*** und mit Artikel verwendet.

Il mio *amico è simpatico.*	(Der) mein Freund ist sympathisch.
La mia *amica è simpatica.*	(Die) meine Freundin ist sympathisch.

Die Formen:

mio/a	mein/e
tuo/a	dein/e
suo/a	sein/e, ihr/e
nostro/a	unser/e
vostro/a	euer/eure
loro	ihr/e

Das Geschlecht des Besitzers spielt keine Rolle. Nur das Geschlecht des „Besitzes" ist wichtig.

suo/a	sein/e, ihr/e

1) Im Deutschen würde man Possessivpronomen sagen.

Für alle Geschlechter sieht das so aus:

Einzahl		Mehrzahl	
männlich	**weiblich**	**männlich**	**weiblich**
il	***la***	***i***	***le***
mio	*mia*	*miei*	*mie*
tuo	*tua*	*tuoi*	*tue*
suo	*sua*	*suoi*	*sue*
nostro	*nostra*	*nostri*	*nostre*
vostri	*vostra*	*vostri*	*vostre*
loro	*loro*	*loro*	*loro*

Lenny: Interessant! *Loro* ist unveränderlich!

Alle besitzanzeigenden Adjektive beginnen mt Konsonanten. Deswegen gibt es nur vier Artikelformen. Für die Wahl des Artikels gilt jetzt der Anfangsbuchstabe des Adjektivs!

Ü 40

Forme um. Alles gehört dir! Beispiel: ***lo** spumante*, *aber **il mio** spumante*

1. *lo strudel* il mio strudel
2. *gli antipasti* i miei antipasti
3. *l'hot dog* il mio hot dog
4. *la pizza* la mia pizza
5. *l'acqua* ~~la~~ la mia acqua
6. *i tramezzini* i miei ~~loro~~ tramezzini

Ü 41

Kombiniere den Artikel mit dem passenden Possessivadjektiv und Substantiv.

1. il	*miei*	*aranciate*
2. le	*nostra*	*panino*
3. le	*tuo*	*formaggi*
4. i	*sue*	*pizzette*
5. la	*loro*	*trattoria*

42 Forme um: *lo zucchero* → il mio zucchero

1. *gli amici* ____________________
2. *l'acqua* ____________________
3. *l'amica* ____________________
4. *l'amaretto* ____________________
5. *lo spumante* ____________________
6. *le pizzette* ____________________

43 Übersetze:

1. mein Kaffee ____________________
2. unsere Salate ____________________
3. Ihr Schinken (3. P. Ez.) ________
4. dein Käse ____________________
5. euer Wein ____________________
6. unser Bier____________________
7. ihre Orangeade (3. P. Mz.) _____
8. sein Toast ____________________
9. eure Lasagne ____________________
10. meine Spaghetti ______________
11. Ihr Tramezzino (3. P. Ez.) ________
12. ihre (3. P. Mz.) Tortellini ________
13. mein Wein ____________________
14. deine Pasta ____________________

44 Übersetze:

1. deine Tramezzini
2. unser Mineralwasser
3. sein Eis
4. ihr Wein
5. Ihre Toasts (höfliche Anrede, 3. P. Ez.)
6. meine Milch
7. seine Espressi

Ab 5 richtigen Sätzen kannst du losbrausen zum nächsten km-Stein auf der Italienkarte.

Fulvia: Lenny, jetzte stelle ich dir meine Verwandtschaft vor.

Lenny: Verwandte?!?

Fulvia: *Esatto.* Genau. *Parenti.* Manche Italiener sagen zwar: *parenti – serpenti,* aber wahrscheinlich auch nur, weil es sich reimt. Die Italiener haben bekanntlich einen ausgeprägten Familiensinn. (*serpenti* – Schlangen)

Ecco la mia famiglia:

Francesca	*madre, mamma*	Mutter, Mama
Federico	*padre, papà*	Vater, Papa
Flavia	*sorella*	Schwester
Filippo	*fratello*	Bruder
Fausto e Flora	*nonno/nonna*	Großvater/Großmutter
Fabio e Franca	*zio/zia*	Onkel/Tante
Falstaff e Fiamma	*cugino/cugina*	Kusin/Kusine
???	*figlio/figlia*	Sohn/Tochter
???	*marito/moglie*	Ehemann/Ehefrau

Weil die Familie etwas Besonderes ist, muss es auch gleich eine grammatikalische Besonderheit geben:

„meine Mutter" heißt nicht *la mia ...*, sondern ***mia madre.***

Bei Familienmitgliedern in der Einzahl steht **das Possessivadjektiv ohne Artikel!**

Ez.		*mia sorella*	meine Schwester
Mz.	*le*	*mie sorelle*	meine Schwestern

Nur bei ***loro*** steht immer (auch in der Einzahl) der Artikel.

Ez.	*la*	***loro** sorella*	ihre Schwester
Mz.	*le*	***loro** sorelle*	ihre Schwestern

Kombiniere die Satzteile:

1. Mia sorella	*si chiamano Chiara e Sandra.*
2. Le vostre zie	*sono a Roma.*
3. Mio fratello	*si chiama Maria.*
4. Come si chiama	*sono simpatiche.*
5. Sua moglie	*si chiama Paolo.*
6. Le loro figlie	*tua nonna?*
7. I miei nonni	*è inglese?*

Ü 46 Übersetze:

1. Ist dein Onkel Amerikaner?
2. Euer Sohn ist sehr freundlich.
3. Ihre Schwester heißt Mara.
4. Unsere Onkeln sind nicht sportlich.
5. Eure Mutter heißt Loretta?
6. Mein Bruder ist dunkelhaarig.
7. Deine Kusinen sind sympathisch.

Ab 5 richtigen Sätzen geht's weiter zum nächsten km-Stein.

Ü 47 Knacke das Kreuzworträtsel. Wie lautet das Lösungswort?

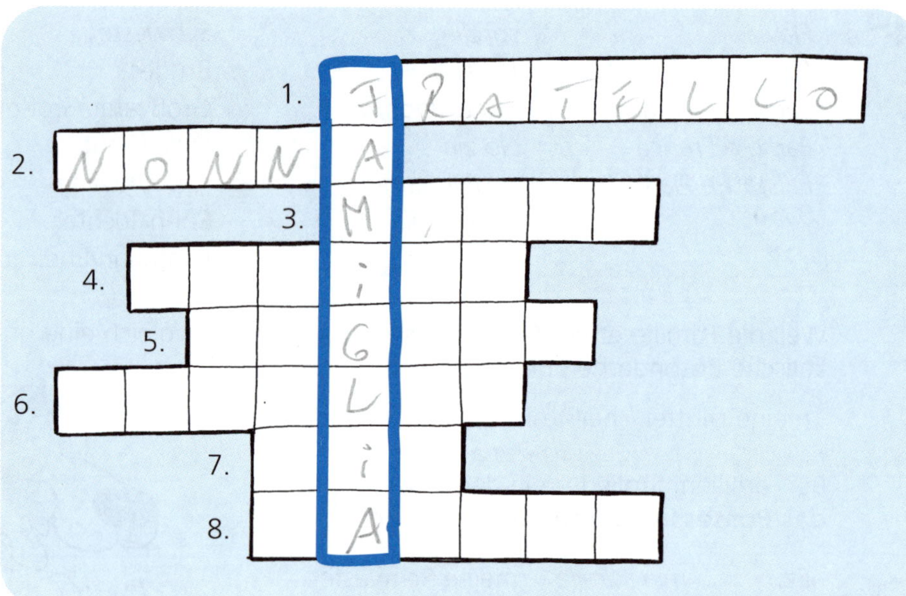

1. Er hat dieselben Eltern wie du.
2. Die Mutter deiner Mutter
3. Davon gibt es nur eine!
4. Die Tocher deiner Tante ist für dich ...
5. Männliches Kind
6. Sie hat die gleichen Eltern wie du.
7. Die Schwester deiner Mutter
8. Ehemann

Vergleich und Steigerung

Fulvia: Lenny, mach mir auch einmal ein Kompliment!
Dimmi qualcosa di carino.
Sag mir etwas Nettes.

Lenny: *Fulvia, sei bella!* Das kann ich ja schon auf Italienisch sagen!

Fulvia: ??

Lenny: *Fulvietta, sei molto bella, sei bellissima!*

Fulvia: *Solo bellissima???*

Lenny: **Nur** wunderschön!? Du bist ja nie zufrieden!
Also pass auf:
Fulvia, sei più bella di Claudia Schiffer.

Fulvia: Nur schöner als Claudia Schiffer?

Lenny: *Fulvia, sei la più bella di tutte.*

Fulvia: Die Schönste von allen?
Endlich! *Finalmente.*

Sei ***più bella di*** *Claudia Schiffer.*
Du bist schöner als C. S.
Sei ***la ragazza più bella*** *di tutte.*
Du bist das schönste Mädchen von allen.

bella	schön
più bella	schöner
più bella di ...	schöner als ...
la più bella	die Schönste

meno bella	weniger schön
meno bella di ...	weniger schön als ...
la meno bella	die am wenigsten Schöne

Ausnahmen, die also eigene Formen haben:

buono	*migliore*	*il/la migliore*
gut	besser	der/die Beste
cattivo	*peggiore*	*il/la peggiore*
schlecht	schlechter	der/die Schlechteste

Ü 48

Kombiniere die passenden Satzteile:

1. Un ristorante è più caro	*della Pepsi?*
2. Eros Ramazzotti è più bello	*di Roma.*
3. La Coca-Cola è migliore	*di Fulvia Ferrari.*
4. Torino è meno grande	*di una trattoria.*
5. Claudia Schiffer non è più bella	*di Nek?*
6. Mi chiamo Lenny e sono	*il più grande.*

Also, mit diesem Hotel sind wir nicht zufrieden. Es ist laut! Kennst du nicht ein ruhigeres Hotel?

Ü 49

Setze die gegenteiligen Adjektive in der Steigerungsform ein.

1. *Questo albergo è rumoroso. Non conosci un albergo* più tranquillo*?*

2. *Questa pensione è piccola. Non c'è una pensione* ________________*?*

3. *Queste stanze sono brutte. Non avete stanze* ____________________*?*

4. *Quest'acqua minerale è cattiva. Non ha un'acqua* ________________*?*

5. *Questi tramezzini sono cattivi. Vorrei dei tramezzini* ______________*?*

rumoroso/a – laut, *brutto/a* – hässlich

50 Achtung Redewendungen! Verbinde die zusammengehörigen Begriffe.

Sei bella come il sole!
(Du bist schön wie die Sonne!)

1. brutto	*come*	*il miele*
2. muto		*un pesce*
3. fedele		*il mondo*
4. grande		*un cane*
5. dolce		*la notte*

muto/a – stumm, *fedele* – treu, *il miele* – der Honig, *il pesce* – der Fisch, *il mondo* – die Welt, *il cane* – der Hund, *la notte* – die Nacht

51 *Cosa regalare a ... una ragazza difficile?*
Was schenkt man einem ... schwierigen Mädchen?

1. un CD (CD)	*serio* (ernst)
2. una scatola di cioccolatini (Schachtel Pralinen)	*calorifico* (kalorienreich)
3. un mazzo di fiori (Blumenstrauß)	*romantico* (romantisch)
4. un anello (Ring)	*monotono* (monoton)
5. un libro (Buch)	*caro* (teuer)

Schreibe 4 Sätze nach diesem Muster:

Un libro è meno calorifico di una scatola di cioccolatini.
(Ein Buch ist weniger kalorienreich als eine Schachtel Pralinen.)

52 Die Antworten auf die Fragen aus dem *Guinness Book of Records* sind im Raster versteckt. Kannst du sie finden?

P	A	M	E	L	A	A	N	D	E	R	S	O	N	U	L	S	M	O
I	D	O	M	E	S	E	P	R	O	N	T	O	N	L	I	O	O	T
C	O	M	A	R	T	I	N	A	H	I	N	G	I	S	S	I	N	S
T	E	S	O	D	E	P	O	L	O	N	O	R	D	I	T	U	A	R
I	V	O	C	E	P	H	U	F	I	O	R	E	A	S	T	R	L	P
T	C	O	L	S	H	B	I	T	O	M	I	N	A	U	P	C	I	A
A	S	S	U	P	E	R	M	A	R	I	O	B	R	O	S	A	S	E
N	T	R	E	N	N	E	B	I	L	L	O	B	O	N	G	O	A	R
I	D	O	T	E	K	B	I	T	A	F	A	T	A	L	E	P	N	E
C	T	L	U	C	I	A	N	O	P	A	V	A	R	O	T	T	I	R
F	A	N	T	I	N	U	Z	Z	I	P	O	F	A	K	L	O	N	I
B	E	R	L	A	G	P	O	L	G	H	E	P	A	R	D	O	L	O

Qual'è
1. *il tenore con i maggiori incassi?*
2. *lo scrittore più ricco?*
3. *il mammifero più veloce?*
4. *il film più caro?*
5. *il quadro più prezioso?*
6. *la donna più nominata dell'Internet?*
7. *la campionessa di Wimbledon più giovane?*
8. *il videogame più venduto?*

1. der bestverdienende Tenor, 2. der reichste Schriftsteller, 3. das schnellste Säugetier, 4. der teuerste Film, 5. das wertvollste Bild, 6. die meisterwähnte Frau im Internet, 7. die jüngste Wimbledonsiegerin, 8. das meistverkaufte Videospiel

53 Übersetze:

1. der Sportlichste
2. die Schlankeste
3. die Schönsten (männlich)
4. der Sympathischste
5. die Intelligentesten (weiblich)
6. die Reichste
7. der Kleinste

Ab 5 Richtigen hast du im Idealfall das Etappenziel Venedig erreicht.
Wie wäre es mit einem Ausflug zu den „Ville del Brenta"?

Lennys Brief aus Venedig

Korrigiere die von Fulvia unterwellten Fehlerstellen. Damit kannst du fehlende km-Steine ausgleichen oder einen zusätzlichen Ausflug in der Karte eintragen. Streiche das Schild „Ville del Brenta" durch.

Venezia, 25 luglio 1999

Cara mamma,

ciao! Come stai? Bene? Sono a Venezia con Fulvia. Io, Fulvia e la Ferrari. La rossa Ferrari è grande. Venezia è una città piccolo, ma famosa. È bella come il sole! È la città più bella del mondo! C'è molti colombi in Piazza S. Marco. I monumenti sono: la Basilica di S. Marco, il Ponte di Rialto, la Ca' d'Oro. Le gondole sono molto romantiche. Non ci sono macchina a Venezia. Fulvia è allegra e gentila. È una ragazza molto simpatica.
Il nostro hotel, si chiama Hotel Rialto, è grando e tranquillo. La sua camera è grande. La mia camera è più piccola.

Ci sono molti turisti. Abbiamo conosciuto tre ragazze molto carine: sono Sarah, Louise e Klara. Sarah è americano, Louise è francesa e Klara è austriaca. Louise è molto intellettuale. Parla 4 lingue: il spagnolo, il tedesco, il italiano e ... il francese.

Fulvia ha uno zio a Venezia. Si chiama Fabio e ha 35 anni. È alto e bruno. Ha un piccolo ristorante molto elegante. I camerieri sono simpatici. Gli spaghetti sono molto buono e le tagliatelle ... mmmh!

Tutto è speciale a Venezia: i gelati, i formaggio, le pizze, i tramezzini ...
Questo viaggio è bello. Fa caldo ma ... pazienza! È per il mio italiano!

Baci

Lenny

ciao come stai? – hallo wie geht's dir?, *con* – mit, *il colombo* – die Taube, *il monumento* – die Sehenswürdigkeit, *la macchina* – das Auto, *il turista* – der Tourist, *abbiamo conosciuto* – wir haben kennen gelernt, *pazienza!* – kann man nichts machen!, *per* – für

GEHIRNKNÖPFE

Schon ein wenig müde vom letzten Kapitel?

Da wollen wir mal deine Gehirntätigkeit wieder auf Vordermann bringen. Man könnte auch aktivieren dazu sagen:
Du berührst mit zwei Fingern der linken Hand den Nabel. Den Daumen der anderen Hand legst du in das rechte Grübchen unterhalb deines Schlüsselbeins. Mit Zeige- und Mittelfinger berührst du das linke Grübchen. Nun massierst du mit leichtem Druck alle drei Stellen gleichzeitig. Nach etwa einer Minute wechselst du die Hände. Nun reiben die Finger der rechten Hand den Nabel, die linke Hand befindet sich beim Schlüsselbein.

Dauer der Übung: 2 Minuten

Zweite Etappe – *Seconda tappa:*

Venezia → Firenze

VERBEN

Fulvia: Venedig war traumhaft, aber wir müssen weiter.
Wir setzen mit der formenreichsten Wortart fort: dem **Verb**. Keine andere Wortart muss so wandlungsfähig sein. Stell dir vor, es gibt 3 Personen in der Einzahl, 3 in der Mehrzahl, *circa* 12 verschiedene Zeiten, 3 Abwandlungsmuster, das ganze aktiv und passiv, das ergibt etwa 450 verschiedene Formen, aber nur bei den regelmäßigen Verben!

Lenny: Ich habe euch gewarnt, sie ist eine Angeberin!

Fulvia: *Ma no, dai.* Aber nein, geh. Das war nur eine Spielerei. Jetzt interessiert uns,

- wie italienische Verben aussehen und wie man von einer Nennform *(infinito)* Personalformen ableitet;
- wie die Abwandlungsmuster für italienische Verben in der Gegenwart *(presente)* lauten;
- wie die wichtigsten unregelmäßigen Verben in der Gegenwart aussehen;
- wie man die Vergangenheit bildet *(passato prossimo);*
- wie man rückbezügliche Verben *(verbi riflessivi)* abwandelt;
- wie die Befehlsform lautet *(imperativo).*

Regelmäßige Verben

*Am**are*** (lieben), *rid**ere*** (lachen), *sent**ire*** (hören) ...
Ein italienisches Verb im Infinitiv erkennt man an der **Endsilbe**!

Die Endsilbe verrät nicht nur, dass es sich um eine Nennform handelt, sondern auch, nach welchem Muster die Personalformen zu bilden sind. Denn nach den drei unterschiedlichen Vokalen **a**, **e** und **i** sind auch die drei Konjugationen benannt. Es gibt die **a-**, die **e-** und die **i-**Konjugation.

Wenn ich die Endsilbe weglasse, bleibt der Stamm über, an den dann die Endungen angehängt werden.

Die 1. Person Ez. endet immer auf o: *amare – io amo* (lieben – ich liebe)

	Stamm	Endsilbe	Stamm	Endsilbe	Stamm	Endsilbe
Infinitiv	*am*	*are*	*ved*	*ere*	*sent*	*ire*
1. Person	*am*	**o**	*ved*	**o**	*sent*	**o**

Ü 54

Bilde von folgenden Verben die 1. Person!

1. parlare, 2. abitare, 3. domandare, 4. lavorare, 5. ridere, 6. prendere, 7. vedere, 8. ripetere, 9. correre, 10. aprire, 11. offrire, 12. dormire, 13. partire

a-Konjugation

	Infinitiv	*am**are***
Einzahl	1. Person	*am**o***
	2. Person	*am**i***
	3. Person	*am**a***

	Infinitiv	*am**are***
Mehrzahl	1. Person	*am**iamo***
	2. Person	*am**ate***
	3. Person	*am**ano***

Übe die a-Konjugation anhand folgender Verben:

parlare	*abitare*	*lavorare*	*mangiare*	*domandare*	*ballare*
sprechen	wohnen	arbeiten	essen	fragen	tanzen

Arbeite mit einer Stoppuhr, denn es muss schnell gehen. Wenn du einem Italiener etwas sagen willst, kannst du ja nicht anfangen, in deinem Grammatikkoffer zu kramen.
Für die 6 Verben solltest du nicht mehr als 30 Sekunden brauchen.
Obwohl du sicher sehr bewusst Endungen anhängst, solltest du sie nicht überbetonen!

Ü 55 Schreibe die Formen von *lavorare* und *ballare* auf.

e-Konjugation

Die e-Konjugation

	Infinitiv	*rid**ere***
Einzahl	1. Person	*rid**o***
	2. Person	*rid**i***
	3. Person	*rid**e***
Mehrzahl	1. Person	*rid**iamo***
	2. Person	*rid**ete***
	3. Person	*rid**ono***

Übe mit:

vedere	*prendere*	*credere*
sehen	nehmen	glauben

scrivere	*vendere*	*ripetere*
schreiben	verkaufen	wiederholen

Ü 56 Schreibe die Formen von *vedere* und *credere* auf.

i-Konjugation

Bei der i-Konjugation gibt es 2 Untergruppen:

- „normale" **i**-Verben
- Verben mit Stammerweiterung, wo bei fast allen Personen die Silbe ***-isc*** eingeschoben werden muss.
  Das ist an der Nennform nicht zu erkennen, man muss es wissen, das heißt, man sagt sich beim Lernen der Nennform die 1. Person dazu.

Die i-Konjugation

	Infinitiv	*sent**ire***	*prefer**ire***	
Einzahl	1. P.	*sent**o***	*prefer**isc**o*	/isko/
	2. P.	*sent**i***	*prefer**isc**i*	/ischi/
	3. P.	*sent**e***	*prefer**isc**e*	/ische/
Mehrzahl	1. P.	*sent**iamo***	*prefer**iamo***	
	2. P.	*sent**ite***	*prefer**ite***	
	3. P.	*sent**ono***	*prefer**isc**ono*	/iskono/

wie sentire:

aprire	*offrire*	*dormire*
öffnen	anbieten	schlafen

wie preferire:

capire	*finire*
verstehen	(be)enden

Ü 57 Schreib die Formen von *offrire* und *finire* auf.

Fulvia: Übe das Abwandeln immer wieder. Du musst die Formen aussprechen, ausschreiben, sehen, hören. Nimm dich auf Band auf und höre dir immer wieder zu. Du kannst die Formen auch singen, trällern oder rappen!

Lenny: Jetzt spinnst du aber ein bisschen, Fulvia. Es heißt immer, Italienisch sei so eine melodiöse Sprache, aber deswegen gleich Verbformen rappen ...

Fulvia: *Dai Lenny, perché no?* Warum nicht?
Ein Verbformen-Rap könnte der Hit sein.

Ü 58

Dimmi Lenny, sag mir, welche dieser Verbformen sind richtig? Unterstreiche die richtigen Verbformen:

1. giocate, 2. domande, 3. finiscono, 4. ballano,

5. arrivete, 6. prendiamo, 7. prefero, 8. abitaro,

9. compriate, 10. parla, 11. arriviamo, 12. sentisco,

13. parto, 14. mangate

Jetzt wirst du Verbformen üben. Vorher noch die Pronomen, die man ja, wie du weißt, nicht immer dazusagen muss. In der nächsten Übung werde ich sie als Auslöser verwenden, damit du dann die entsprechende Verbform dazuschreiben kannst!

io *amo*	ich liebe	***noi*** *amiamo*	wir lieben
tu *ami*	du liebst	***voi*** *amate*	ihr liebt
lui/lei *ama*	er/sie liebt	***loro*** *amano*	sie lieben

Ü 59

Setze die Verbformen ein:

1. *lavorare: noi* ________________ *loro* ________________
2. *offrire: tu* ________________ *lui* ________________
3. *ballare: loro* ________________ *io* ________________
4. *vedere: voi* ________________ *loro* ________________
5. *preferire: io* ________________ *tu* ________________
6. *prendere: lei* ________________ *loro* ________________
7. *partire: noi* ________________ *voi* ________________

Bilde die Verbformen.

1. *comprare: tu* ____________________ *voi* ____________________
2. *ripetere: noi* ____________________ *loro* ____________________
3. *credere: io* ____________________ *tu* ____________________
4. *capire: noi* ____________________ *loro* ____________________
5. *mangiare: io* ____________________ *lui* ____________________
6. *vendere: tu* ____________________ *voi* ____________________
7. *finire: lei* ____________________ *loro* ____________________

Ab 10 richtigen Lösungen darfst du den nächsten km-Stein auf der Karte durchstreichen.

Aussprache und Schreibung

Erinnerst du dich an den Ausspracheкoffer? ***C, g*** und ***sc*** vor ***e*** und ***i*** sind weich, weißt du noch? Der Vokal der angehängten Endung kann die Aussprache bzw. die Schreibung des Verbs verändern!

- Verben auf -***gare*** und -***care*:**
  Die Schreibung passt sich der Aussprache an → *h* einfügen!

pagare	*io pago*	*tu paghi*
/g/	*/g/*	*/g/*
cercare	*io cerco*	*tu cerchi*
/k/	*/k/*	*/k/*

- Verben auf ***-gere*** und -***cere***:
  Die Aussprache passt sich der Schreibung an!

leggere	*io leggo*	*tu leggi*
/dsch/	*/g/*	*/dsch/*
vincere	*io vinco*	*tu vinci*
/tsch/	*/k/*	*/tsch/*
conoscere	*io conosco*	*tu conosci*
/sch/	*/sk/*	*/sch/*

- Alle Verben wie ***preferire:***

preferire	*io preferisco*	*tu preferisci*
	/isko /	*/ischi/*

61 Setze folgende Fragen in die Höflichkeitsform (siehe Seite 13).

1. *Dove abiti?*
2. *Quale pizza preferisci?*
3. *Quale musica ascolti?*
4. *Paghi tu?*
5. *Ami la Coca-Cola?*
6. *Conosci Celentano?*
7. *Cerchi Gianna?*

62 Finde im Raster die für das Ferrari-Rätsel notwendigen Verbformen und setze sie ein.

A	L	L	E	G	G	O	T	F	I	N	I	S	C	O
V	R	I	P	E	T	O	T	A	V	E	D	O	E	M
I	S	E	G	U	A	R	D	O	P	O	F	F	R	O
P	A	R	L	O	O	U	P	R	E	N	D	O	S	P
T	P	A	B	I	T	O	M	A	T	C	A	N	T	A
A	P	R	E	R	A	F	U	L	A	V	O	R	O	S
M	A	O	L	R	I	D	O	T	A	D	O	R	M	O
V	U	T	E	R	D	I	O	S	E	N	T	O	E	R

63 Lenny, stelle dir vor, wir treffen *due ragazze italiane*, und du willst sie kennen lernen. Bilde die Fragen an die Mädchen:

71

64 Übersetze folgende Verben:

1. wohnen, 2. wiederholen, 3. nehmen, 4. hören, 5. arbeiten, 6. sehen, 7. tanzen, 8. anfangen, 9. schlafen, 10. lieben, 11. bevorzugen, 12. lachen, 13. sprechen, 14. wegfahren, 15. schauen

65 Kannst du noch die Verben der i-Konjugation abwandeln?
Bilde die 1. Person! (*-o* oder *-isco*?)

1. dormire ____________	*4. finire* ____________	*7. partire* ____________
2. preferire ____________	*5. capire* ____________	*8. aprire* ____________
3. sentire ____________	*6. offrire* ____________	

66 Kannst du folgende Verben in der Einzahl abwandeln?

1. offro ______________________ ______________________

2. vedo ______________________ ______________________

3. mangio ______________________ ______________________

67 Jetzt sollst du das große Kreuzworträtsel lösen. Die Lösung setzt sich aus den eingerahmten Buchstaben zusammen. Es ist der Name einer sehr bekannten italienischen Schauspielerin.

Senkrecht: 1. sie sehen, 2. er kauft, 3. ich bevorzuge, 4. du verkaufst, 6. wir kommen an, 8. ich arbeite, 9. du antwortest, 13. er wartet, 16. er raucht, 17. sie finden, 18. wir öffnen, 20. er schläft, 23. er findet, 24. er sieht

Waagrecht: 4. sehen, 5. ich zahle, 7. er glaubt, 10. er bringt, 11. du siehst, 12. wir warten, 14. du lachst, 15. du fliegst, 16. ich beende, 19. sie lachen, 21. ich komme an, 22. ihr reist ab, 25. er probiert, 26. sie telefonieren, 27. ihr liebt, 28. ich verliere, 29. wir verkaufen

comprare – kaufen, *arrivare* – ankommen, *aspettare* – warten, *fumare* – rauchen, *trovare* – finden, *portare* – bringen, *volare* – fliegen, *provare* – probieren, *telefonare* – telefonieren

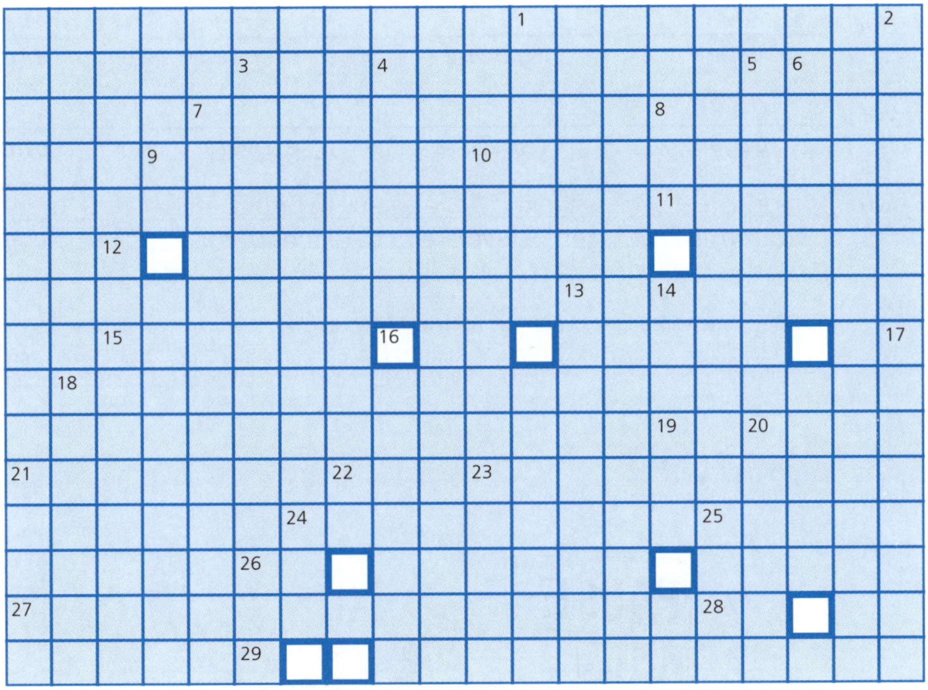

Lösung:

Ü 68

Teile folgende Verben ein. Gehören sie zur a- oder e-Konjugation? Unterstreiche in zwei Farben!

domando, chiedo, abito, vedo, prendo, credo, rido, parlo, lavoro, ballo

Ü 69

Bilde die Verbformen zur angegebenen Person.

1. io	telefono *telefonare*	parto *partire*	finisco *finire*	leggo *leggere*
2. tu	parli *parlare*	finisci *finire*	spendi *spendere*	dormi *dormire*
3. lei	ripete *ripetere*	capisce *capire*	compra *comprare*	chiede *chiedere*
4. noi	cappiamo *capire*	gioccamo *giocare*	prendiamo *prendere*	finiamo *finire*
5. voi	pagate *pagare*	aspetate *aspettare*	scrivete *scrivere*	offrite ~~offarte~~ *offrire*
6. loro	lavorano *lavorare*	~~fanno~~ finiscono *finire*	dormono *dormire*	leggono *leggere*

Ab 20 richtigen Lösungen gehört der nächste km-Stein dir.

Unregelmäßige Verben

Fulvia: Sie sind die „Individualisten" unter den Verben. Sie haben eigene Abwandlungsmuster, die mit den regelmäßigen gewisse Ähnlichkeiten haben. Sie sind ganz wichtige Verben, wie z. B. **haben** und **sein.** Sie drücken in Kombination mit anderen Wörtern wesentliche Bedeutungen aus.

Lenny: Man muss sich jedes Verb einzeln merken?!?

Fulvia: *Sì!* Aber man braucht und hört sie so oft, dass man sich bald diese „Individualisten" merkt! ***Essere*** heißt zum Beispiel **sein**. Wie lautet die 1. Person?

Lenny: *Ess – ere? Io ess – o. Bene*! Benzin für die Reise!

Fulvia: *No*. Es heißt ***io sono***. *Allora, guardiamo un po'.* Schauen wir mal.

essere und *avere*

		essere	sein	***avere***	haben
Ez.	1. Person	*sono*	ich bin	*ho*	ich habe
	2. Person	*sei*	du bist	*hai*	du hast
	3. Person	*è*	er ist	*ha*	er hat
Mz.	1. Person	*siamo*	wir sind	*abbiamo*	wir haben
	2. Person	*siete*	ihr seid	*avete*	ihr habt
	3. Person	*sono*	sie sind	*hanno*	sie haben

sono stanco	ich bin müde
sono italiano	ich bin Italiener
sono farmacista	ich bin Apotheker
sono di Vienna	ich bin aus Wien

ho fame,	ich habe Hunger,
sete, paura	Durst, Angst
ho 15 anni	ich bin 15 (Jahre alt)
(non) ho tempo	ich habe (keine) Zeit

Ü 70 Du sollst jetzt in diesem Buchstabensalat alle Formen von *essere* und *avere* finden und durchstreichen. Die nicht durchgestrichenen Buchstaben ergeben eine bekannte Redewendung. Das è ist schon durchgestrichen!

E	S	O	N	O	H	S	S	A
S	I	A	M	O	A	S	E	B
H	A	I	R	E	N	I	H	B
C	O	M	E	~~È~~	N	E	O	I
H	C	A	N	E	O	T	E	A
A	A	V	E	T	E	E	G	M
A	T	T	O	!	S	E	I	O

Ü 71 Nachdem du dir die Formen von *essere* und *avere* gut eingeprägt hast, versuche folgende Einsetzübung. Sie bringt km!

1. *Come va, Paolo? Male.* ____________ *fame e* ____________ *stanco.*
2. *Ehi ragazzi,* ____________ *sete? Noi qui* ____________ *due Coche.*
3. *Io* ____________ *Laura e lei* ____________ *Silvia.*
4. *Le canzoni di Nek* ____________ *belle, non trovi?*
5. *Che bella musica! Noi adesso* ____________ *voglia di ballare.*
6. *Gianni* ____________ *felice.* ____________ *uno scooter nuovo.*
7. *Susi e Johanna* ____________ *di Amburgo.* ____________ *17 anni.*

come va? – wie geht's?, *qui* – hier, *Coche* – Colas, *canzoni di* – Lieder von, *felice* – glücklich, *nuovo/a* – neu

Ab 9 richtigen Lösungen kannst du den nächsten km-Stein ansteuern.

dire und *fare*

		dire	sagen	**fare**	machen
Ez.	1. Person	*dico*	ich sage	*faccio*	ich mache
	2. Person	*dici*	du sagst	*fai*	du machst
	3. Person	*dice*	er sagt	*fa*	er macht
Mz.	1. Person	*diciamo*	wir sagen	*facciamo*	wir machen
	2. Person	***dite***	ihr sagt	***fate***	ihr macht
	3. Person	*dicono*	sie sagen	*fanno*	sie machen

Achte auf die Aussprache! Es heißt */diko, ditschi, ditsche, ditschiamo, dite, d**i**kono/*.

Fulvia: Die 2. Person Mehrzahl bei beiden Verben ist tückisch. Sie lautet nicht … ich sag es lieber gar nicht!

fare colazione	frühstücken
fare una passeggiata	spazieren gehen
fare schifo	grauslich sein
fare la spesa	einkaufen
fare in fretta	sich beeilen
fa freddo	es ist kalt
fa caldo	es ist warm
fare l'amore	…

Hier sind die Buchstaben einzelner Formen von *dire* und *fare* durcheinander gemischt. Stelle die Formen richtig.

1. ACIDIOM ____________
2. TEFA ____________
3. NAFON ____________
4. CEDI ____________
5. CIFOCA ____________
6. CODI ____________
7. AF ____________
8. NOCIDO ____________

Setze den Anfangsbuchstaben dieser Verbformen ein:

73

1. ___o, 2. ___accio, 3. ___ico, 4. ___inisco, 5. ___ono, 6. ___bbiamo

Setze den Endvokal ein:

74

1. fat___ , 2. finiam___ , 3. hann___ , 4. prendon___ , 5. se___ , 6. dit___

Setze die Formen von *fare* und *dire* ein:

75

1. Io adesso ____________ la spesa.

2. Ehi, ragazzi, che cosa ____________ stasera?

3. Noi ____________ arrivederci.

4. Pippo e Lucia ____________ una passeggiata insieme.

5. I nostri amici americani ____________ „Hi"!

6. Al mattino io non ____________ mai buongiorno a nessuno.

7. Mia mamma ____________ colazione alle 10.

8. Il mio ragazzo ____________ sempre che mi ama.

stasera – heute Abend, *arrivederci* – auf Wiedersehen, *insieme* – zusammen, *al mattino* – am Morgen, *sempre* – immer, *che mi ama* – dass er mich liebt

Ab 6 richtigen Lösungen rein in den Ferrari und weiter zum nächsten km-Stein. Vorher aber mal schnell ein *gelato*.

venire & Co.

◆ *venire* (kommen)

		venire	kommen
	1. Person	*vengo*	ich komme
Ez.	2. Person	*vieni*	du kommst
	3. Person	*viene*	er kommt
	1. Person	*veniamo*	wir kommen
Mz.	2. Person	*venite*	ihr kommt
	3. Person	*vengono*	sie kommen

◆ *uscire* – (hin)ausgehen

		uscire	(hin)ausgehen
	1. Person	*esco*	ich gehe aus
Ez.	2. Person	*esci*	du gehst aus
	3. Person	*esce*	er geht aus
	1. Person	*usciamo*	wir gehen aus
Mz.	2. Person	*uscite*	ihr geht aus
	3. Person	*escono*	sie gehen aus

◆ *andare* (gehen)

		andare	gehen
	1. Person	*vado*	ich gehe
Ez.	2. Person	*vai*	du gehst
	3. Person	*va*	er geht
	1. Person	*andiamo*	wir gehen
Mz.	2. Person	*andate*	ihr geht
	3. Person	*vanno*	sie gehen

andare a casa, a una festa, a scuola	nach Hause, auf eine Party, in die Schule gehen
andare da un'amico	zu einem Freund gehen
andare al cinema, al bar	ins Kino, ins Kaffeehaus gehen
andare in discoteca, in pizzeria	in die Disco, in die Pizzeria gehen

Ü 76

Was soll das heißen?

1. SCIE NOC EM GIGO? ______________________

2. ADIMOAN TUTIT LA MANECI? ______________________

3. GEVON LA RAB NOC VIO ______________________

Ü 77

Beantworte folgende Fragen negativ (siehe Seite 11):

1. *Esci stasera?* No, non esco stasera.
2. *Vai al cinema?* ____________________
3. *Vieni da Franco?* ____________________
4. *Uscite insieme?* ____________________
5. *Andate a casa?* ____________________
6. *Venite con noi?* ____________________

Ü 78

Welches Verb tanzt jeweils aus der Reihe?

1. *mangiare, dire, fare, avere*
2. *ho, sono, faccio, dice*
3. *capire, fare, arrivare, credere*
4. *amo, usciamo, veniamo, andiamo*
5. *vede, va, viene, è*

Ü 79

Setze die fehlenden Verbformen ein (in jeder Spalte die gleiche Person).

	va		
		veniamo	
ho			
			dicono
esco			
	è		
		facciamo	

Ab 18 richtigen Verbformen hast du dir den nächsten km-Stein redlich verdient.

Ü 80

Stelle dir vor, *figurati*, was mir unlängst passiert ist!
Es ging um unser Abendprogramm.
Setze die fehlenden Formen von *andare, venire, uscire* ein.

1. *Anna:* *Ciao, Stefania. Come stai? Senti, tu con chi ____________ stasera?*

2. *Stefania:* *Con Marco. ____________ in discoteca. E tu?*

3. *Anna:* *Io ____________ al cinema con Pippo.*

4. *Fulvia:* *Cosa?! Tu ____________ al cinema con Pippo? Non è possibile! Pippo ____________ con me stasera.*

5. *Anna:* *Tu scherzi. Pippo ____________ da me alle 7 e poi ____________ insieme.*

6. *Fulvia:* *Allora non sei più mia amica. ____________ a casa.*

7. *Stefania:* *Aspetta, Fulvia, perché non ____________ con noi in discoteca?*

8. *Fulvia:* *Ah no sai, grazie, ____________ voi, io stasera non ____________ . Sono arrabbiata.*

1. Anna: Hallo, Stefania. Wie geht es dir?
   Hör zu, mit wem gehst du heute Abend aus?
2. Stefania: Mit Marco. Wir gehen in die Disco. Und du?
3. Anna: Ich gehe mit Pippo ins Kino.
4. Fulvia: Was? Du gehst mit Pippo ins Kino?
   Das ist nicht möglich! Pippo geht heute mit mir aus.
5. Anna: Du scherzt. Pippo kommt um 7 zu mir
   und dann gehen wir gemeinsam aus.
6. Fulvia: Dann bist du nicht mehr meine Freundin.
   Ich gehe nach Hause.
7. Stefania: Warte, Fulvia, warum kommst du nicht
   mit uns in die Disco?
8. Fulvia: Nein, weißt du, danke, geht ihr aus, ich gehe
   heute Abend nicht aus. Ich bin sauer. Pippo ist ein A ...

Modalverben

		sapere	wissen	*potere*	können
	1. Person	*so*	ich weiß	*posso*	ich kann
Ez.	2. Person	*sai*	du weißt	*puoi*	du kannst
	3. Person	*sa*	er weiß	*può*	er kann
	1. Person	*sappiamo*	wir wissen	*possiamo*	wir können
Mz.	2. Person	*sapete*	ihr wisst	*potete*	ihr könnt
	3. Person	*sanno*	sie wissen	*possono*	sie können

		volere	wollen	*dovere*	müssen
	1. Person	*voglio*	ich will	*devo*	ich muss
Ez.	2. Person	*vuoi*	du willst	*devi*	du musst
	3. Person	*vuole*	er will	*deve*	er muss
	1. Person	*vogliamo*	wir wollen	*dobbiamo*	wir müssen
Mz.	2. Person	*volete*	ihr wollt	*dovete*	ihr müsst
	3. Person	*vogliono*	sie wollen	*devono*	sie müssen

Modalverben stehen meistens bei einem Verb in der Nennform, dessen Bedeutung sie verändern:

***so** guidare*	ich weiß, wie es geht
***posso** guidare*	ich darf/ich bin in der Verfassung
***voglio** guidare*	ich will es tun
***devo** guidare*	ich muss es tun
*non **devo***	ich darf nicht

Es ist ein großer Unterschied, ob jemand Auto fahren **kann**, **darf**, **will** oder **muss**!

Ü 81

Kombiniere die Satzteile:

1. Vuoi venire	*cos'è?*
2. Sapete	*parlare con Charlie.*
3. Andiamo	*con me?*
4. Devi	*parla bene l'italiano!*
5. Signora, Lei	*al cinema?*

con me – mit mir, *cos'è* – was das ist, *oggi* – heute, *bene* – gut

Ü 82

Übersetze.

1. Ich weiß, dass du Durst hast!
2. Die Kinder wollen immer essen.
3. Darf ich eintreten?
4. Heute will ich Paolo sehen.
5. Weißt du, wo ich wohne?
6. Könnt ihr mit uns kommen?
7. In Amerika dürfen die Jugendlichen mit 16 Auto fahren.

sempre – immer, *entrare* – eintreten, a *16 anni* – mit 16, *con noi* – mit uns

Ab 5 richtigen Sätzen gibt's wieder einen km-Stein.

Ü 83

Stelle die zu den Antworten passenden Fragen:

1. ____?
No, non possiamo fare la spesa oggi.

2. ____?
Sì, Luisa sa sciare molto bene.

3. ____?
Non voglio andare al cinema .

stare

Als letztes unregelmäßiges Verb schauen wir uns ***stare*** an. Es heißt „bleiben“, bekommt seine eigentliche Bedeutung aber erst durch den Kontext (Zusammenhang). Hier ist unsere Vokabelbox also ganz wichtig.

sto qui, sto a casa	ich bleibe hier, ich bleibe zu Hause
sto bene, sto male	mir geht es gut, mir geht es schlecht
sto fermo/a, sto zitto/a	ich halte still, ich bin still
sto attento/a	ich passe auf
sto mangiando	ich bin dabei zu essen

		stare
Ez.	1. Person	*sto*
	2. Person	*stai*
	3. Person	*sta*
Mz.	1. Person	*stiamo*
	2. Person	*state*
	3. Person	*stanno*

Ü 84 Kombiniere die Satzteile:

1. Come	*deve stare a casa.*
2. Dovete	*male, mamma!*
3. Oggi Elisa	*stai?*
4. Sto	*stare fermi!*
5. State	*qui?*

Ü 85 Setze ein:

1. I bambini non _______________ *mai fermi.*

2. Se io _______________ *zitta,* _______________ *male.*

3. Paola stasera _______________ *a casa.*

4. _______________ *qui o vieni con noi?*

5. I miei genitori non _______________ *bene.*

DIE „VERLAUFSFORM"

sto	
stai	
sta	*gerundio:*
stiamo	***parlando***
state	
stanno	

Sto parlando bedeutet „ich spreche gerade":

infinito	***gerundio***
parl *– are*	*parl* + ***ando***
ved *– ere*	*ved* + ***endo***
sent *– ire*	*sent* + ***endo***
fin *– ire*	*fin* + ***endo***

Ausnahmen:

fare	***facendo***
bere	***bevendo***
dire	***dicendo***

* An dich, Schatz.

Ü 86

Bilde das *gerundio* folgender Verben:

1. lavorare, 2. partire, 3. fare, 4. vedere, 5. ballare, 6. aspettare, 7. dire, 8. mangiare, 9. offrire, 10. bere, 11. guardare, 12. sentire, 13. andare

Ü 87

Al telefono.
Posso parlare con Carlo? No, sta guardando la TV.

1. ... con Sofia?
No, (studiare) ______________________________
2. ... con il papà?
No, (dormire) ______________________________
3. ... con tuo fratello?
No, (mangiare) ______________________________
4. ... con Franca?
No, (lavorare) ______________________________
5. ... con tua mamma?
No, (prendere il caffè) ______________________________

Ü 88

Übersetze:

1. Ich esse gerade. 2. Wir warten gerade. 3. Was sagt ihr gerade?
4. Gehst du gerade nach Hause? 5. Arbeitet ihr gerade?
6. Du trinkst gerade ein Bier? 7. Ich höre gerade die Musik.

Ab 5 richtigen Sätzen darfst du den nächsten km-Stein ansteuern.

DENKMÜTZE

Hast du Schwierigkeiten, in der Schule gut hinzuhören und alles zu verstehen?

Die Denkmütze ist besonders vor Unterrichtsbeginn nützlich: Entfalte sanft deine Ohren. Beginne oben und massiere am Ohrrand entlang nach unten. Ziehe sanft an den Ohrläppchen. Wiederhole diese Bewegung von oben nach unten 10-mal. Wenn du gähnen musst, öffne dabei bitte den Mund so weit du kannst.

Wiederholung der Übung: 10-mal

Vergangenheit

Abbiamo finito i verbi al presente! Wir haben die Verben in der Gegenwart beendet. Und schon sind wir mitten in der Vergangenheit.

Vergangene Zeit

il minuto	Minute
l'ora	Stunde
il giorno	Tag
la settimana	Woche
il mese	Monat
l'anno	Jahr

fa (nachgestellt!)	vor
un minuto fa	vor einer Minute

Ü 89 Übersetze:

1. vor 2 Minuten ________________
2. vor 4 Wochen ________________
3. vor 6 Jahren ________________
4. vor 3 Stunden ________________
5. vor 5 Monaten ________________
6. vor 1 Tag ________________

scorso, passato (nachgestellt!)	voriges, vergangenes
l'anno scorso oder *passato*	voriges Jahr

ieri	gestern
l'altroieri	vorgestern

Ü 90 Übersetze:

1. vergangene Woche ________________
2. vergangenen Monat ________________
3. vergangenen Sonntag (*domenica*) ________________

Partizip

Das Partizip wird vom **Infinitivstamm** abgeleitet.

Infinitiv	**Partizip**
Stamm + **Endung**	Stamm + **Endung**
*mangi**are***	*mangi**ato***
*ved**ere***	*ved**uto***
*fin**ire***	*fin**ito***

Ü 91 Bilde von folgenden regelmäßigen Verben das Partizip!

1. amare, 2. credere, 3. ripetere, 4. ballare, 5. uscire, 6. preferire, 7. parlare, 8. cantare, 9. crescere, 10. conoscere, 11. piovere, 12. sedere, 13. dormire, 14. telefonare, 15. finire

PARTIZIPFORMEN

1. Die Verben auf *-are* bilden alle ein regelmäßiges Partizip.

2. Einige der uns bereits bekannten unregelmäßigen Verben bilden ein regelmäßiges **Partizip**:

avere	***avuto***
sapere	***saputo***
potere	***potuto***
dovere	***dovuto***
volere	***voluto***
andare	***andato***

Einige bilden ein unregelmäßiges **Partizip**:

essere	***stato***
bere	***bevuto***
dire	***detto***
fare	***fatto***
venire	***venuto***

3. Viele in der Gegenwart regelmäßige Verben haben ein unregelmäßiges Partizip:

	Infinitiv	**Partizip**
öffnen	*aprire*	*aperto*
fragen	*chiedere*	*chiesto*
schließen	*chiudere*	*chiuso*
zudecken	*coprire*	*coperto*
laufen	*correre*	*corso*
entscheiden	*decidere*	*deciso*
diskutieren	*discutere*	*discusso*
lesen	*leggere*	*letto*
stellen	*mettere*	*messo*
sterben	*morire*	*morto*
geboren w.	*nascere*	*nato*
lachen	*ridere*	*riso*
wählen	*scegliere*	*scelto*
absteigen	*scendere*	*sceso*
schreiben	*scrivere*	*scritto*
passieren	*succedere*	*successo*
töten	*uccidere*	*ucciso*
sehen	*vedere*	*visto*
siegen	*vincere*	*vinto*
leben	*vivere*	*vissuto*

Nachdem du die Formen wieder richtig „eingerappt" hast (*mi raccomando*, auf Tempo! Das muss sitzen!), versuche folgende Übungen.

Ü 92

Hier sind die Silben von jeweils 2 Partizipien vermischt worden. Entwirre sie!

1. LABALTOTACANTO ____________ ____________

2. CHIAPUSEROTO ____________ ____________

3. TODETTOFAT ____________ ____________

Ü 93

Füge die Teile richtig zusammen!

1. ripet	
2. fat	*ito*
3. sent	*to*
4. av	*uto*
5. aper	*ato*
6. dov	
7. offer	

Bildung der Vergangenheit

Sie besteht – wie im Deutschen – aus 2 Teilen: Dem **Hilfsverb** (***avere*** oder ***essere***), das abgewandelt wird, und dem **Partizip**, das angehängt wird.

Vergangenheit mit ***avere***

ho	***mangiato***	ich habe	gegessen
hai		du hast	
ha		er hat	
abbiamo		wir haben	
avete		ihr habt	
hanno		sie haben	

Das Partizip ist in allen Personen gleich: ***mangiato***

Vergangenheit mit ***essere***

sono	*andato**/a***	ich bin	gegangen
sei	*andato**/a***	du bist	
è	*andato**/a***	er/sie ist	
siamo	*andati**/e***	wir sind	
siete	*andati**/e***	ihr seid	
sono	*andati**/e***	sie sind	

Das Partizip wird wie ein Adjektiv mit dem Subjekt je nach **Geschlecht und Zahl** übereingestimmt.

Lenny: Ich muss also sagen: Ich bin gegangener.

Fulvia: *Sì, esatto. Tu sei uno, che è andato.* **Einer,** der gegangen ist.

Lenny: Und du bist **eine,** die gegangen ist. *Andata.*

Fulvia: *Bravo, hai capito.* Du hast verstanden.

Was heißt eigentlich:
Ich bin gewesen?

essere	
sono	***stato/a***
sei	*stato/a*
è	*stato/a*
siamo	*stati/e*
siete	*stati/e*
sono	*stati/e*

(sfortuna = Pech)

Und:
Ich habe gehabt?

avere	
ho	
hai	
ha	***avuto***
abbiamo	
avete	
hanno	

Setze die richtigen Formen von *essere* und *avere* und die passenden Endungen ein:

1. *Sono stanca. _____________ stat___ in piscina.*

2. *Voi _____________ lett___ il giornale di oggi?*

3. *Paolo _____________ stat___ al cinema.*

4. *Noi ragazze ieri _____________ stat___ in discoteca.*

5. *I miei amici _____________ scritt___ una lettera.*

6. *Tu ieri sera _____________ stat___ a casa?*

7. *Io _____________ visto___ un fantasma ma non ___ avut___ paura.*

in piscina – im Schwimmbad, *il giornale di oggi* – die heutige Zeitung, *la lettera* – der Brief, *gli amici* – die Freunde, *il fantasma* – das Gespenst

Ab 13 richtigen Lösungen rückt Florenz wieder um einen km-Stein näher.

Ü 95 Verbinde, was zusammenpasst.

1. È nata	*domenica scorsa?*
2. Ieri sera ho bevuto	*ho mangiato una mela.*
3. Avete visto "Domenica In"	*una birra piccola.*
4. Raffaella è	*tre giorni fa.*
5. Un'ora fa	*già venuta?*

Ü 96 Wenn du den 3. Buchstaben der Partizipien folgender Verben der Reihe nach in die Kästchen einsetzt, entsteht ein italienischer Trinkspruch!

1. vivere	*2. amare*	*3. ballare*	*4. avere*	*5. dire*	*6. aprire*

Bei den meisten Verben fällt die Wahl zwischen haben oder sein als Hilfsverb wie im Deutschen aus. Bei einigen musst du aufpassen.

ho corso, saltato, nuotato	ich bin gelaufen, gesprungen, geschwommen
ho camminato	ich bin (zu Fuß) gegangen
è durato, cominciato, finito	es hat gedauert, begonnen, geendet
mi è piaciuto	es hat mir gefallen

PAUSE

Ü 97 Bilde möglichst schnell die 1. P. Ez. des *passato prossimo* folgender Verben:

1. bere, 2. arrivare, 3. potere, 4. essere, 5. fare, 6. capire, 7. vedere, 8. avere, 9. coprire, 10. mangiare, 11. correre, 12. dovere, 13. partire, 14. nascere, 15. leggere, 16. uscire

Mache die Übung zuerst schriftlich, dann wiederhole sie mündlich und stoppe dich dabei. Du solltest nicht länger als maximal 30 Sekunden brauchen!

Lenny, ma cos'hai oggi? Ja, was hast du denn heute?

Ü 98 Bilde Sätze nach dem Muster:

Andiamo al museo?
Ma no, siamo andati al museo ieri!

1. *Facciamo una passeggiata?*
2. *Andiamo al cinema?*
3. *Visitiamo il duomo?*
4. *Usciamo stasera?*

Ü 99 Finde die passenden Fragen (*dove, quando, che cosa*).

1. ________ ________ ________?
   Sono stata a S. Croce.

2. ________ ________ ________?
   Siamo arrivati alle sette di sera. (um 7 Uhr abends)

3. ________ ________ ________?
   Ho visto un film americano.

4. ________ ________ ________?
   Sono andati all'opera. (in die Oper)

5. ________ ________ ________?
   Abbiamo visitato un museo noiosissimo.
   (Wir haben ein sehr langweiliges Museum besucht.)

Ü 100 Übersetze.

1. Hast du heute die Zeitung gelesen?
2. Gestern ist sie mit Peter ausgegangen.
3. Vorige Woche hast du 5 Pizzas gegessen.
4. Sie ist voriges Jahr gekommen.
5. Vor einer Stunde habe ich einen Kaffee gemacht.

Ab 4 richtigen Sätzen darfst du den nächsten km-Stein ansteuern.

Reflexive Verben

Fulvia: *Io mi chiamo Fulvia. Tu come ti chiami?*

Lenny: Wie meinst du, wie heiße ich?? Das weißt du doch? Was soll das?

Fulvia: *Va bene, va bene,* aber weißt du auch, dass ***mi chiamo*** ein reflexives (rückbezügliches) Verb ist?

Lenny: *Aiuto*! Hilfe! Das klingt gefährlich!

Fulvia: *Ma no, dai.* Wir schauen uns das in Ruhe an. ***Chiamarsi*** heißt eigentlich „sich rufen“, sich nennen.

Der Infinitiv eines reflexiven Verbs endet auf ***-si***:

„normaler“ Infinitiv
chiamare (→ chiamar-)
reflexiver Infinitiv
*chiamar**si***

Die **Pronomen** lauten:

mi	mich
ti	dich
si	sich
ci	uns
vi	euch
si	sich

		chiamarsi	sich nennen
Ez.	1. Person	***io mi chiamo***	ich nenne mich
	2. Person	***tu ti chiami***	du nennst dich
	3. Person	***lui/lei si chiama***	er/sie nennt sich
Mz.	1. Person	***noi ci chiamiamo***	wir nennen uns
	2. Person	***voi vi chiamate***	ihr nennt euch
	3. Person	***loro si chiamano***	sie nennen sich

Es gibt in **allen drei Konjugationen** reflexive Verben, die wie gewohnt abgewandelt werden. Ungewohnt ist nur die **Stellung**, die im Deutschen genau **umgekehrt** ist!

chiamarsi	*(io) mi chiamo*
sich nennen	ich nenne mich
vedersi	*(io) mi vedo*
sich sehen	ich sehe mich
sentirsi	*(io) mi sento*
sich fühlen	ich fühle mich

Jetzt eine Reihe von wichtigen reflexiven Verben:

addormentarsi	einschlafen	*lavarsi*	sich waschen
alzarsi	aufstehen	*occuparsi di qc.*	sich um etwas kümmern
annoiarsi	sich langweilen	*pettinarsi*	sich frisieren
arrabbiarsi	sich ärgern	*pulirsi i denti*	Zähne putzen
divertirsi	sich amüsieren	*riposarsi*	sich ausruhen
farsi la barba	sich rasieren	*sedersi*	sich setzen
farsi la doccia	sich duschen	*sposarsi*	heiraten
fidanzarsi	sich verloben	*svegliarsi*	aufwachen
incontrarsi	sich treffen	*truccarsi*	sich schminken
innamorarsi	sich verlieben	*vestirsi*	sich anziehen

Ü 101

Beantworte folgende (sehr indiskrete) Fragen:

1. *Ti addormenti presto o tardi?*
2. *Ti svegli presto?*
3. *Ti pulisci i denti prima o dopo la colazione?*
4. *Ti vesti con cura?*
5. *Ti trucchi tutti i giorni? Ti fai la barba tutti i giorni?*
6. *Ti lavi i capelli tutti i giorni?*

presto o tardi? – früh oder spät?
prima o dopo la colazione? – vor oder nach dem Frühstück?
con cura – sorgfältig,
tutti i giorni – jeden Tag

Ü 102

Verbinde die passenden Satzteile:

1. *Signora, Lei è stanca.*	*Ci fidanziamo?*
2. *Ho un'allergia agli occhi.*	*Non devi alzarti?*
3. *Carla. Ti amo.*	*e si trucca già?*
4. *Senti, sono le 7!*	*Non sa pulirsi i denti da solo.*
5. *Anna ha solo 10 anni.*	*Vuole sedersi?*
6. *Pippo è piccolino.*	*Non posso truccarmi.*

allergia agli occhi – Augenallergie, *solo* – nur, *da solo* – allein

In Infinitivkonstruktionen (**ich will mich nicht waschen**) wird das passende Pronomen an den Infinitiv angehängt.

lavarsi	*lavar**mi***
sich waschen	**mich** waschen

*Devi lavar**ti**!*
Du musst **dich** waschen!

Ü 103

Kannst du dich an die Modalverben erinnern? Wiederhole sie (siehe Seite 70) und übersetze:

1. Ich will mich nicht ärgern!
2. Du kannst dich setzen.
3. Wir dürfen nicht einschlafen.
4. Ich will mich frisieren.
5. Sie wollen heiraten.
6. Sie kann sich gut schminken.
7. Ihr dürft euch nicht verlieben.

Ü 104

Setze die passenden Verbformen ein. 2 Sätze enthalten Infinitivkonstruktionen.

1. Noi (alzarsi) ________________ tardi.

2. A scuola a volte io (divertirsi) ________________ .

3. Non devi (arrabbiarsi) ________________ .

4. Voi (annoiarsi) ________________ alla lezione di judo?

5. A che ora vuoi (alzarsi) ________________ tu?

6. Se non vieni io (arrabbiarsi) ________________ .

a volte – manchmal, *alla lezione di judo* – in der Judostunde,
a che ora – um wie viel Uhr, *se* – wenn /falls

Ab 5 richtigen Lösungen darfst du zum nächsten km-Stein weiterfahren.

Die Vergangenheit der reflexiven Verben

io mi innamoro → io mi ***sono innamorato/a***

1. Immer mit ***essere*** in die Vergangenheit setzen (im Deutschen **haben**!).
2. Immer das Partizip übereinstimmen (wie Eigenschaftswort).
3. Auf die Wortstellung achten!

io	*mi*	*sono*	*innamorata*
ich	mich	bin	verliebte
ich	habe	mich	verliebt

Das klingt wörtlich übersetzt wirklich ganz sonderbar! Aber es hilft, sich die Struktur vorzustellen.

io	*mi*	***sono***	*innamorato/a*
tu	*ti*	***sei***	*innamorato/a*
lui/lei	*si*	***è***	*innamorato/a*
noi	*ci*	***siamo***	*innamorati/e*
voi	*vi*	***siete***	*innamorati/e*
loro	*si*	***sono***	*innamorati/e*

Meine Tante hat mir ihre Geschichte erzählt:

Bilde 3 Sätze und verwende dabei die angegebenen Vokabeln:
(noi) incontrarsi a Roma/divertirsi molto/innamorarsi/fidanzarsi/sposarsi

1. *Noi ci siamo* ______________________________

2. ______________________________

3. ______________________________

106 Setze die Fragen in die Höflichkeitsform (3. Person Ez.). Siehe Seite 13.

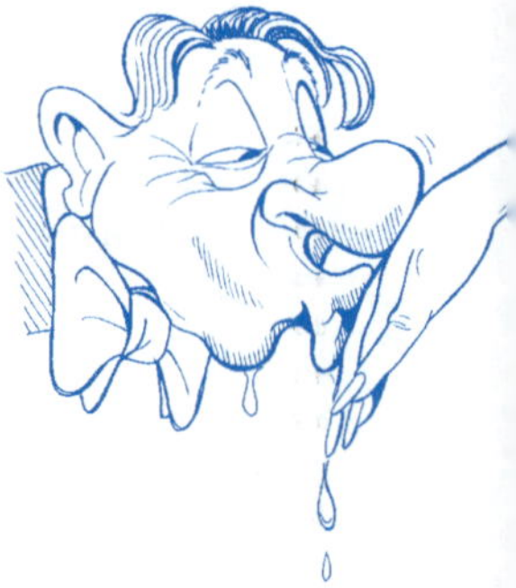

1. *Quando ti sei alzato?* ______________________
2. *Ti sei annoiato ieri?* ______________________
3. *Perché ti sei arrabbiato?* ______________________
4. *Ti sei divertito al bar?* ______________________
5. *Perché non ti sei riposato?* ______________________
6. *Ti sei sposato?* ______________________

107 Setze in die Mehrzahl:

1. *Il ragazzo si è lavato.* ______________________
2. *La ragazza si è addormentata.* ______________________
3. *Il ragazzo si è arrabbiato.* ______________________
4. *La ragazza si è annoiata.* ______________________
5. *Il ragazzo si è seduto.* ______________________
6. *La ragazza si è innamorata.* ______________________

108 Bilde Sätze in der Vergangenheit.

1. *ieri / io / alzarmi / alle 5!*
2. *l'anno scorso / Paolo / innamorarsi / a Milano*
3. *oggi / Laura / vestirsi / bene*
4. *l'altroieri / Franca e Marisa / arrabbiarsi / molto*
5. *la settimana scorsa / tu / riposarsi?*
6. *oggi / io / non / lavarmi*
7. *lei / sposarsi / due anni fa*

Ab 5 richtigen Sätzen erreichst du den nächsten km-Stein.

Imperativ

Fulvia: Lenny, ***vieni qua. Ascolta. Non dire niente***.

Lenny: Was ist denn mit dir los? Warum kommandierst du mich plötzlich so herum?

Fulvia: Was glaubst du? *Cosa credi*? Weil ich dich auf den Imperativ (die Befehlsform) einstimmen will!

Lenny: Na, das kann ja lustig werden! Also, wie war das schnell?

Fulvia: *Vieni qua* – komm her. *Ascolta* – hör zu.

Der Imperativ entspricht der 2. Person. Nur bei den Verben auf *-are* ist die Endung anders, nämlich ***-a.***

	parlare	***ridere***	***aprire***
Ez.	*parl**a***	*ridi*	*apri*
Mz.	*parlate*	*ridete*	*aprite*

Der **verneinte Imperativ** (tu es nicht!) **in der Ez.** entspricht dem Infinitiv. „Lenny, jetzt bitte nicht reden!“, kann man im Deutschen auch sagen.

parlare	ja!	nein!
Ez.	***parla***	***non parlare***
Mz.	***parlate***	***non parlate***

Übersetze.

1. komm
2. schau nicht
3. hört zu
4. geht nicht
5. lach nicht
6. iss
7. arbeite nicht
8. sagt etwas
9. tanz
10. schlaf nicht
11. wiederhole
12. lest nicht

Ein paar unregelmäßige Formen muss es natürlich geben.
Bei ***andare, dare, fare, stare*** gibt es in der Einzahl zwei richtige Formen (mit und ohne *-i*). Mehrzahl und Verneinung sind regelmäßig (von der Nennform abgeleitet). Setze die fehlenden Formen ein.

Ü 110

Infinitiv	**Einzahl**	**Mehrzahl**
andare	***va'/vai***	
gehen	geh	geht
	geh nicht	geht nicht

Setze die Mehrzahlformen ein!

Infinitiv	**Einzahl**	**Mehrzahl**
dare	*da'/dai*	
geben	gib	gebt
fare	*fa'/fai*	
machen	mach	macht
stare	*sta'/stai*	
bleiben	bleib	bleibt

Bei ***dire*** fällt (in der Ez.) eine Silbe weg:

Infinitiv	**Einzahl**	**Mehrzahl**
dire	*di'*	
sagen	sag	sagt

Bei ***avere*** und ***essere*** sind die Formen anders:

Infinitiv	**Einzahl**	**Mehrzahl**
avere	*abbi*	*abbiate*
haben	hab	habt
essere	*sii*	*siate*
sein	sei	seid

*Sag' etwas!

Ü 111

Lenny, sind deine Eltern auch manchmal so lästig?

(Tu nicht Auto stoppen, komm nicht nach 10 nach Hause, telefonier nicht 2 Stunden lang, sag keine Dummheiten, schau nicht zu viel fern, vergiss nicht die Hausaufgaben)

Ich glaube, das ist international. Verbinde die Teile.

1. Non fare	*dopo le 10!*
2. Non tornare a casa	*troppa TV!*
3. Non telefonare	*per due ore!*
4. Non dire	*l'autostop!*
5. Non guardare	*i compiti!*
6. Non dimenticare	*stupidaggini!*

Ü 112

Bilde den Imperativ (Ez., Ez. verneint und Mz., Mz. verneint) folgender Verben:

1. avere ________ ________ ________ ________

2. mangiare ________ ________ ________ ________

3. prendere ________ ________ ________ ________

4. andare ________ ________ ________ ________

5. sentire ________ ________ ________ ________

6. finire ________ ________ ________ ________

Ab 20 richtigen Lösungen bist du im besten Fall schon in Florenz angekommen.

Lennys Brief aus Florenz

Korrigiere die von Fulvia unterwellten Fehlerstellen. Damit kannst du fehlende km-Steine ausgleichen oder einen zusätzlichen Ausflug nach „Fiesole" eintragen.

Firenze, 30 luglio 1999

Cara mamma,

siamo arrivato a Firenze ieri sera. L'hotel si chiame "Davide". Oggi abbiamo visitato la città. Abbiamo visto Palazzo Pitti, gli Uffizi e Santa Croce.
Siamo andati a Piazzale Michelangelo. Lì abbiamo incontrato Fabio, un cugino di Fulvia. Per me non è molto simpatico, ma Fulvia ... sai, parenti sono parenti. Fulvia è detto: "Andiamo al Giardino dei Boboli?" Io ho risposto: "No, guarde, io sono stanco, vado all' hotel. Ci vediamo alle 8 in pizzeria?"
"Va bene", hanno detto. All'hotel, mi ho addormentato subito. Alle 7 mi sono svegliato, mi sono vestito e sono uscito. Ma in pizzeria non ho visto nessuno. Ho aspettato per un'ora, ho leggiuto 3 giornali. Poi mi sono arrabbiato. Sono tornato all'hotel. Lì ha visto Fulvia, ma non con Fabio, con un altro ragazzo. Ho domandare: "Anche questo è tuo cugino?" Ha risposto: "No, senti, questo è Davide. Lo conosco da 2 ore." Ah, mamma, queste ragazze!

Ciao

Lenny

lì – dort, *alle 8* – um 8, *incontrare* – treffen,
lo conosco da 2 ore – ich kenne ihn seit 2 Stunden

ZAUBERPUNKT

Du fühlst dich nicht wohl?
Es stresst dich, lernen zu müssen?
Du hast Heißhunger auf Süßes?

Die Energie deines Körpers ist zu niedrig. Da hilft dir der Zauberpunkt:
Du legst zwei Finger der linken Hand auf die Innenseite des rechten Handgelenks. Diesen Punkt massierst du 2-mal täglich 4 bis 12 Minuten und immer dann, wenn es dir nicht gut geht. Du wirst merken, wie das funktioniert. Wenn du an dieser Stelle die Energie aktivierst, verzichtet dein Körper auch freiwillig auf Süßigkeiten. Süßigkeiten sind Energiefresser!

Dauer der Übung: 4 bis 12 Minuten

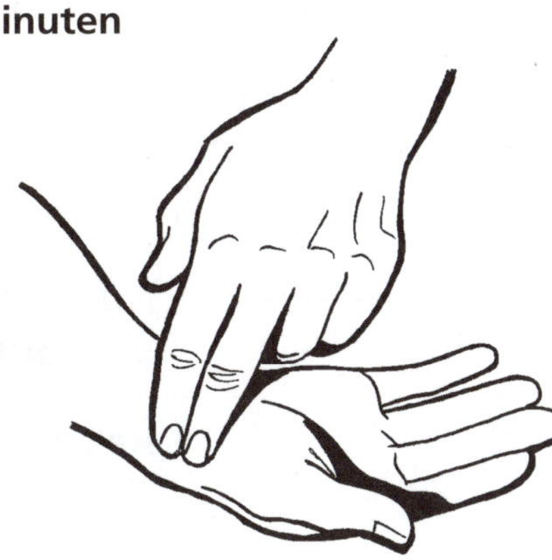

Dritte Etappe – *Terza tappa:*

Firenze → Roma

P R O N O M E N

Lenny: Pronomen? Fürwörter? Wofür sind die gut?

Fulvia: *Come a cosa servono*? Wie meinst du das? Die sind wichtig. Sie stehen für andere Wörter. Sie ersetzen andere Wörter.

Lenny: Und warum können die nicht selber stehen?

Fulvia: *Senti.* Würdest du sagen: „Fulvia, ich liebe Fulvia"?

Lenny: Nein, ich würde sagen: „Fulvia, ich liebe dich."

Fulvia: War das endlich eine Liebeserklärung? *Una dichiarazione d'amore*?

Lenny: Nein! Nur ein Beispielsatz.

Fulvia: Schade. *Peccato.* Aber bleiben wir bei dem Satz. Auf Italienisch heißt er:

Fulvia, io ti amo.
(t'amo)

(Io)	***ti***	*amo*	
Ich	**dich**	liebe	(Ich liebe **dich**) → Wortstellung!

Italienisch	Deutsch
ti	**dich**
vor dem Verb	**nach** dem Verb

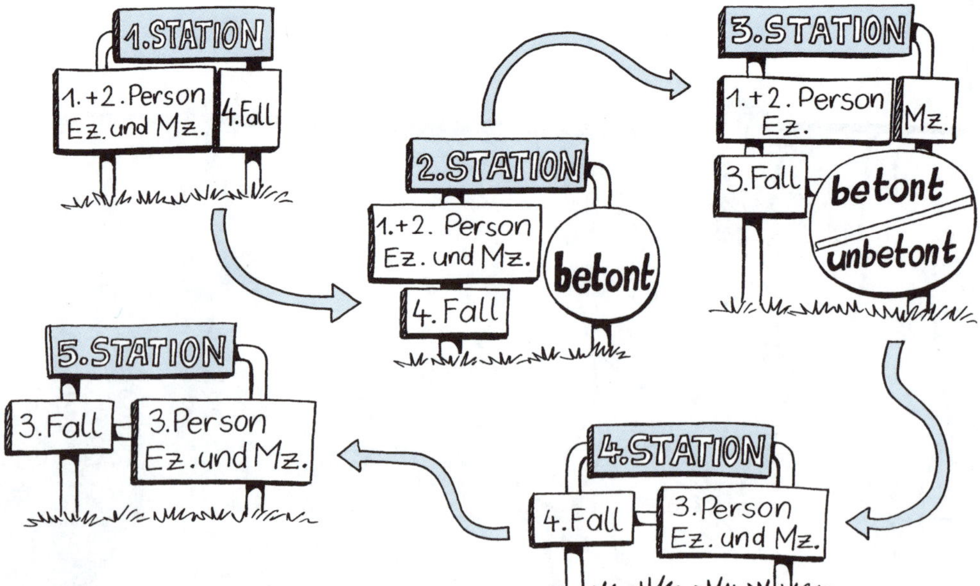

4. Fall (1. u. 2. Person Ez. und Mz.)

Verben, die den 4. Fall (= direktes Objekt) nach sich ziehen

Ü 113

◆ Diese Verben haben wir schon verwendet. Kannst du sie übersetzen?

1. nehmen prendere 2. sehen guardare 3. hören sentire

4. rufen chiamare 5. schauen ____________ 6. kennen ____________

7. bevorzugen ____________ 8. verstehen ____________

9. lesen lettere 10. suchen ____________ 11. finden ____________

◆ Diese Verben merken wir uns auch:

incontrare	*salutare*	*invitare*	*baciare*	*abbracciare*
treffen	begrüßen	einladen	küssen	umarmen

◆ Bei diesen passen wir auf:

Italienisch 4. Fall!	**Deutsch 3. Fall!**
ringraziare qualcuno (qc.)	jemandem danken
aiutare	helfen
ascoltare	zuhören
aspettare qc.	**auf** jemanden warten

Präge dir diese Verben ein, konjugiere sie mündlich durch.

Ü 114

Kombiniere:

1. Ho salutato Marta	*il suo amico al cinema.*
2. Hai ringraziato la nonna	*20 persone alla mia festa.*
3. Ha incontrato	*con un "ciao".*
4. Voglio invitare	*che ha comprato una torta?*
5. Non devi baciare Anna	*se non vuole!*

Objektpronomen im 4. Fall

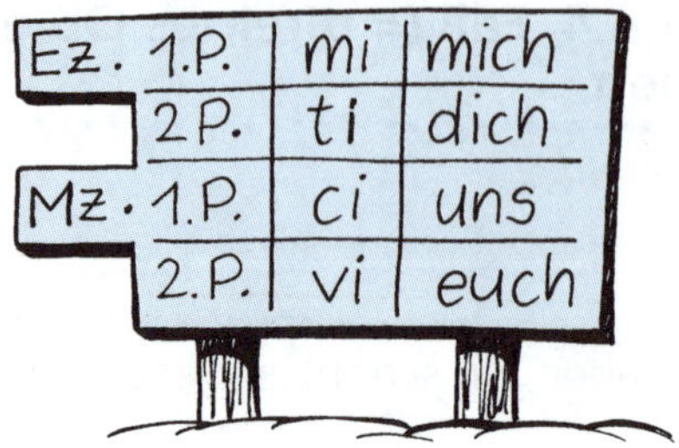

Übersetze: *1. Ti ho baciato. 2. Vi abbracciamo. 3. Mi vedete.*
4. Vi ho aspettato. 5. Non ci saluti? 6. T'invito.
7. Mi conosci? 8. Ci amate? 9. Ti aspetta?

Übersetze: 1. Wir warten auf euch. 2. Wir danken euch. 3. Ihr helft uns.
4. Ich heirate dich nicht. 5. Du kennst mich. 6. Wir laden dich ein.
7. Du verstehst mich nicht. 8. Er sieht dich. 9. Wir lieben dich.

Ab 7 richtig übersetzten Sätzen kannst du den ersten km-Stein der neuen Etappe erobern.

Betonte Pronomenformen

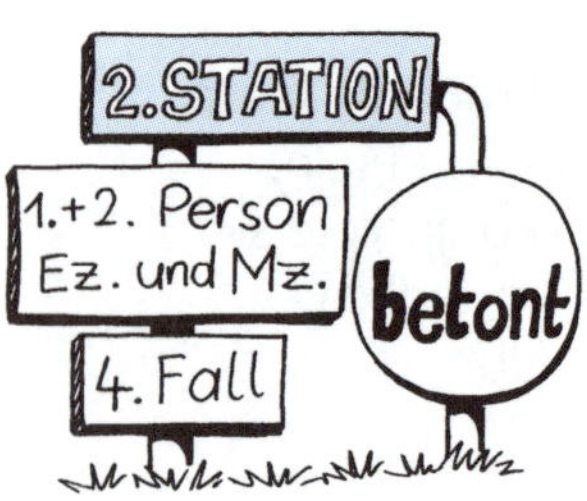

*Fulvia, ti **amo**.*	Fulvia, ich **liebe** dich.
Non ami Sandra?	Liebst du nicht Sandra?
*No, amo **te!***	Nein, ich liebe **dich!**
Ti amo.	Ich liebe dich.
*Amo solo **te**.*	Ich liebe nur **dich**.

	unbetontes Objektpronomen	betontes Objektpronomen
1. Person Ez.	*mi*	*me*
2. Person Ez.	*ti*	*te*
1. Person Mz.	*ci*	*noi*
2. Person Mz.	*vi*	*voi*

Ü 117

Forme um: unbetonte → betonte Form

1. Vi aspettiamo. ________________ *5. Ci amate.* ________________

2. Ti vedo. ________________ *6. Ci aiutate.* ________________

3. Mi capisci. ________________ *7. Ti invito.* ________________

4. Mi chiami. ________________ *8. La sento.* ________________

Ü 118

Forme um: betonte → unbetonte Form

1. Guardiamo voi. *3. Amo te.* *5. Bacia me.*
2. Conosco te. *4. Capisci noi?* *6. Desidera voi.*

Ab 5 Richtigen → nächster km-Stein.

Nach Präpositionen steht immer das betonte Pronomen:

con me	mit mir
per me	für mich
di me	von mir

Ü 119

Setze Präposition + Pronomen ein (mir, mich).

1. Vuoi venire ________________ ? *4. Questo regalo è* ______________ ?

2. State parlando ______________ ? *5. Vieni al cinema* ______________ ?

3. Hai bisogno ________________ ? *6. Il caffè è* ____________________ ?

3. Fall (1. u. 2. Person Ez. und Mz.)

Die Präposition ***a*** steht immer nach Verben, die ein indirektes Objekt verlangen (3. Fall). Das ***a*** merkt man sich zum Verb dazu!

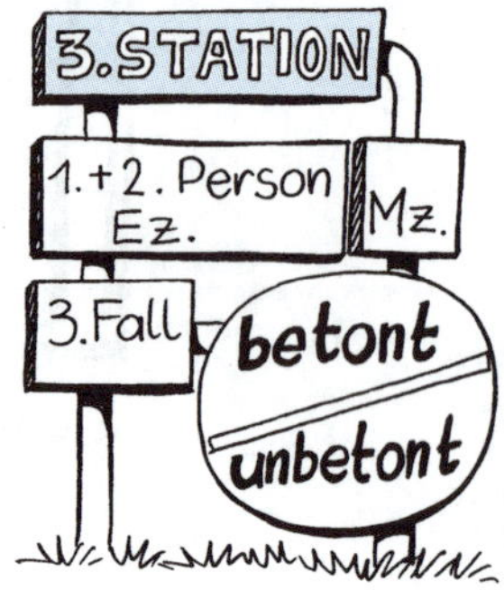

credere	***a qualcuno***
jemandem	glauben

Das *a* steht nach dem Infinitiv und vor dem betonten Pronomen (nach dem Verb). Bei der unbetonten Form steht kein *a*. Die Pronomen sind wie im 4. Fall.

credo ***a te***	ich glaube **dir**
ti credo	ich glaube dir

Weitere Verben mit ***a***:

piacere a qc.	jemandem gefallen
interessare a qc.	jemanden(!) interessieren
telefonare a qc.	jemanden(!) anrufen
pensare a qc.	an(!) jemanden denken

Es gibt natürlich auch im Italienischen viele Verben, die **zwei Objekte** nach sich ziehen (z. B. jemandem etwas geben). Deren Reihenfolge ist umgekehrt zum Deutschen:

Verb	dir. Objekt (4. Fall)	indir. Obj. (3. Fall)
dare	*qualcosa*	*a qualcuno*
geben	etwas	jemandem

Weitere Beispiele:

dire sagen
dare geben
regalare schenken
offrire anbieten
chiedere fragen, bitten
domandare fragen

piacere – gefallen, schmecken

piaccio	ich gefalle
piaci	du gefällst
piace	er/sie gefällt
piacciamo	wir gefallen
piacete	ihr gefallt
piacciono	sie gefallen

mi piace	mir gefällt/mir schmeckt
mi piacciono	mir gefallen/mir schmecken
*mi **è** piaciuto/a*	er/sie **hat** mir gefallen
*mi **sono** piaciuti/e*	sie **haben** mir gefallen
mi dispiace!	es tut mir Leid!

* Tut mir Leid, ich bin nicht von hier.

Ü 120

Übersetze (Achtung: Übereinstimmung!)

1. Hat euch der Film gefallen?
2. Pizza schmeckt dir.
3. Die Lasagne haben uns geschmeckt.
4. Tom Hanks gefällt mir nicht.
5. Spaghetti schmecken mir sehr.
6. Dieses Haus gefällt euch nicht?!
7. Italien gefällt uns.

***mi, ti, ci, vi* = 3. + 4. Fall**

Ü 121

Setze in die Vergangenheit:

1. Questa pasta mi piace. ______________________________

2. I film francesi non mi piacciono. ______________________________

3. Ti piacciono le Alpi? ______________________________

4. La Carmen ci piace. ______________________________

5. L' Austria vi piace? ______________________________

6. Ornella Muti non ti piace? ______________________________

7. I tortellini non ci piacciono. ______________________________

Ab 5 richtigen Lösungen kannst du den nächsten km-Stein „besetzen".

Schauen wir, ob du dir die Verben mit indirektem Objekt (3. Fall) schon gut eingeprägt hast.

Ü 122 Setze die passenden Verben in der passenden Form ein:

dare, pensare, chiedere, offrire, credere, telefonare, regalare

1. *Io non ti ______________ . Sei un bugiardo!*

2. *Non posso dimenticarti. Ti ______________ sempre.*

3. *Io vi ______________ un caffè.*

4. *Io stasera ti ______________ e ti ______________ come stai.*

5. *Ho fame. Tu mi ______________ da mangiare?*

4. *Per il vostro compleanno noi vi ______________ una moto.*

il bugiardo – der Lügner, *dimenticare* – vergessen

Ü 123 Setze die betonte Form ein. (Überlege: Sind es Verben mit oder ohne *a*?)

1. *Ti penso.* ______________
2. *Ti aspetto.** ______________
3. *Ti amo.* ______________
4. *Ti ammiro.* ______________
5. *Ti offro un gelato.* ______________
6. *Ti telefono.* ______________

* genauso möglich: *t'aspetto (t'amo, t'ammiro, t'offro)*

Ü 124 Wie heißt der Satz in der betonten Form?

1. *Vi telefono.*
2. *Ci scrive.*
3. *Ti bacio.*
4. *Mi racconti una storia.*
5. *Ti capisco.*

Fassen wir zusammen!

1. Es gibt die unbetonte und die betonte Form des Pronomens (*mi ami – ami me*).
2. Bei der 1. u. 2. P. Ez. und Mz. sind die unbetonten Pronomen im 3. und 4. Fall gleich (*mi* = mir, mich).

Person	3. Fall	4. Fall
1. Ez.	***mi*** (mir)	***mi*** (mich)
2. Ez.	***ti*** (dir)	***ti*** (dich)
1. Mz.	***ci*** (uns)	***ci*** (uns)
2. Mz.	***vi*** (euch)	***vi*** (euch)

3. Dass ein Verb den 3. Fall nach sich zieht, merkt man an der Präposition ***a*** nach der Nennform (*credere* ***a*** *qc.*).
   Die Präposition ***a*** steht bei diesen Verben auch vor dem betonten Pronomen (***a*** *me*).

mi ***ami****?*	**liebst** du mich?
ami ***me****?*	liebst du **mich**?
mi ***credi****?*	**glaubst** du mir?
credi ***a me****?*	glaubst du **mir**?

Setze die Pronomen ein.
Es kommen betonte und unbetonte vor.

1. *Preferisco _______!* (Du bist mir lieber!)
2. *_______ aiuta sempre.* (Er hilft mir immer.)
3. *_______ conosco?* (Kenne ich euch?)
4. *Carlo, _______ aspetto da due ore.* (Carlo, ich warte seit zwei Stunden auf dich.)
5. *È vero che ama Teresa e non _______?* (Ist es wahr, dass er Teresa liebt und nicht mich?)
6. *_______ ringrazio!* (Ich danke euch!)
7. *Papà e mamma _______ baciano sempre.* (Papa und Mama küssen uns immer.)

Ab 5 richtigen Lösungen → auf zum nächsten km-Stein.

3. Person, 4. Fall

Lenny: Schon wieder? Das haben wir doch gerade gemacht.

Fulvia: Aber nein. Was wir gerade gemacht haben, war der 3. Fall.

Lenny: Ach so. Und was kommt jetzt?

Fulvia: Der 4. Fall. Bei der 3. Person.

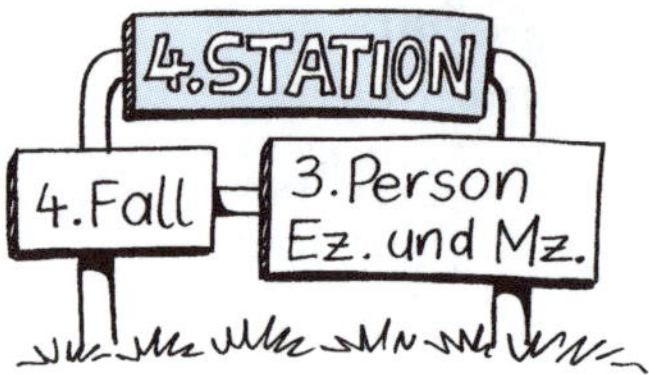

Ich liebe dich.	*Ti amo.*
Du liebst mich.	*Mi ami.*
Und Lassie?	***E Lassie?***
Liebst du ihn/ sie?	*L'ami?*

Aha, da haben wir also die „dritte Person"! Ein Eifersuchtsdrama wird dieses Kapitel!

	Männlich	Weiblich
Ez.	***lo (l' vor Vokal)***	***la (l' vor Vokal)***
Mz.	***li***	***le***

Ü 126

Kombiniere die Fragen mit den passenden Antworten:

1. Conosci Claudia?	*No, non le conosciamo.*
2. Vedi Pippo?	*Sì, la chiamo.*
3. Conoscete Milly e Lilly?	*Sì, li chiamo.*
4. Vedi Mauro e Giorgio?	*No, non la conosco.*
5. Chiami mia sorella?	*Sì, lo vedo.*
6. Ami Zorro?	*No, non li vedo.*
7. Chiami i ragazzi?	*Sì, l'amo.*

Beantworte die Fragen:

Beispiel: *Trovi l'albergo?* Si, lo trovo.

1. *Vuoi la pizza?*
2. *Inviti i Rossi?*
3. *Aspetti le ragazze?*
4. *Capisci la storia?*
5. *Baci il papà?*
6. *Ascolti la radio?*

Ab 5 richtigen Antworten fährst du zum nächsten km-Stein.

Die betonten Formen sind ganz leicht: Sie sind ident mit den Subjektpronomen!

Subjektpronomen	Objektpronomen (4. Fall)	betontes Pronomen
lui	*lo*	*lui*
lei	*la*	*lei*
loro (m)	*li*	*loro*
loro (f)	*le*	*loro*

Um zu unserem Eifersuchtsdrama zurückzukommen:

Ich liebe **dich**, nicht **ihn**.	*Amo **te**, non **lui**.*
Ich liebe **dich**, nicht **sie**.	*Amo **te**, non **lei**.*

3. Person, 3. Fall

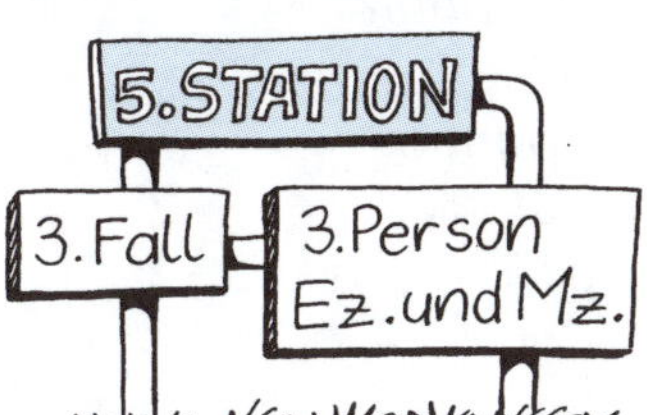

Ez. (m)	***Gli** do un bacio.*	Ich gebe ihm einen Kuss.
Ez. (f)	***Le** do un bacio.*	Ich gebe ihr einen Kuss.

Mz. (m + f)	*Do **loro** un bacio.*	Ich gebe ihnen einen Kuss. (Korrekter Sprachgebrauch)
	***Gli** do un bacio.*	Ich gebe ihnen einen Kuss. (Umgangssprachlich)

128

Die Verben, die den 3. Fall nach sich ziehen, hast du hoffentlich noch im Gedächtnis. Trage sie in die Tabelle ein.

1. geben	dare a	7. gefallen	
2. anrufen		8. fragen	
3. denken		9. sagen	
4. schenken		10. anbieten	
5. bitten		11. glauben	
6. erzählen		12. interessieren	

Erinnere dich an die Unterschiede zwischen Deutsch und Italienisch.
Wichtig ist, welchen Fall **das italienische Verb** nach sich zieht!
Die Formen von *dare*: *do, dai, da, diamo, date, danno.*

129

Antworte:

Beispiel: *Da un bacio a Fulvia?*
Sì, le da un bacio!

1. *Pensi a Mara?*
2. *Dici buongiorno ai nonni?*
3. *Telefoni a zia Lina?*
4. *Offri un gelato al nonno?*
5. *Dai una Coca a Stefania?*
6. *Scrivi ai tuoi fratelli?*

130

Übersetze:

1. Ich erzähle ihm eine Geschichte.
2. Ich schreibe ihnen.
3. Ich gebe ihr eine Rose.
4. Ich schenke ihm ein Buch.
5. Ich denke an Maria.
6. Ich sage ihnen Tschüss.
7. Ich glaube ihr.

Ab 5 richtigen Übersetzungen darfst du den nächsten km-Stein ansteuern.

ÜBERSICHT - EINZAHL

Männlich		Weiblich	
4. Fall	**3. Fall**	**4. Fall**	**3. Fall**
lo	*gli*	*la*	*le*
ihn	ihm	sie	ihr
l'amo	*gli scrivo*	*l'amo*	*le scrivo*
ich liebe ihn	ich schreibe ihm	ich liebe sie	ich schreibe ihr

Ü 131 Beantworte die Fragen mit Ja. 3. und 4. Fall kommen bunt gemischt vor.

1. *Franco scrive a Maria?*
2. *Tu ami la musica?*
3. *Anna guarda la TV?*
4. *Zia Maria telefona ai nonni?*
5. *Aspetti Lisa?*
6. *Impresti il libro a Giorgio?*
7. *Ascoltate la radio?*

Ü 132 Beantworte die Fragen und ersetze dabei die Namen.

1. *Conosci Carla?* ____________________
2. *Pensi a Silvia?* ____________________
3. *Inviti Pablo e Carlos?* ____________________
4. *Vedi Franco?* ____________________
5. *Credi a Filippo?* ____________________
6. *Sposi Sara?* ____________________
7. *Telefoni a Cristina e Flora?* ____________________

Ab 5 richtigen Lösungen hast du dir den nächsten km-Stein verdient.

ÜBERSICHT – MEHRZAHL

Männlich		Weiblich	
4. Fall	**3. Fall**	**4. Fall**	**3. Fall**
li	*loro (gli)*	*le*	*loro (gli)*
sie	ihnen	sie	ihnen
Li amo	*Scrivo loro.*	*Le amo*	*Scrivo loro.*
	(Gli scrivo)		*(Gli scrivo)*
Ich liebe sie.	Ich schreibe ihnen.	Ich liebe sie.	Ich schreibe ihnen.

Ü 133

Welche Antwort ist richtig?

1. *Ami le ragazze italiane?*

a) Sì, l'amo.
b) Sì, loro amo.
c) Sì, le amo.

2. *Pensi all'amico?*

a) Sì, penso lui.
b) Sì, li penso.
c) Sì, gli penso.

3. *Conosci i tortellini?*

a) Sì, loro conosco.
b) Sì, l'conosco.
c) Sì, li conosco.

Ü 134

Antworte:

1. *Conoscete Cristina e Silvia?* ______________________

2. *Offri un caffè alle ragazze?* ______________________

3. *Invitano Franco e Pippo?* ______________________

4. *Vedi Filippo e Roberto?* ______________________

5. *Crede a Gianni e Aldo?* ______________________

6. *Salutate Sara e Laura?* ______________________

7. *Chiami le mie sorelle?* ______________________

Ab 5 richtigen Antworten passierst du den nächsten km-Stein.

Die betonten Formen sind – außer bei der 1. und 2. P. Ez. – ganz leicht: Sie lauten genauso wie die Subjektpronomen!

ÜBERSICHT

Subjektpronomen	Objektpronomen unbetont	Objektpronomen betont
io	*mi*	*(a) me*
tu	*ti*	*(a) te*
lui	***gli (3. F.) lo (4. F.)***	*(a) lui*
lei	***le (3. F.) la (4. F.)***	*(a) lei*
noi	*ci*	*(a) noi*
voi	*vi*	*(a) voi*
loro	***loro (gli) (3. F.) li (4. F)***	*(a) loro*
loro	***loro (gli) (3. F.) le (4. F)***	*(a) loro*

Ü 135

Übersetze zwecks Wiederholung.

1. Ich liebe mich, dich, ihn, sie, uns, euch, sie (betont)
2. Ich sehe mich, dich, ihn, sie, uns, euch, sie (unbetont)
3. Ich sage mir, dir, ihm, ihr, uns, euch, ihnen (unbetont)
4. Ich gefalle mir, dir, ihm, ihr, uns, euch, ihnen (betont)

Wenn du die Richtigkeit deiner schriftlichen Übersetzung kontrolliert hast, präge dir die Sätze gut ein.

Ü 136

Einer der Sätze ist falsch:

1. *La telefono domani.*
2. *Lo accompagno a casa.*
3. *Le offro una cena.*
4. *Gli regalo un libro.*

Ein Satz ist falsch:

5. *Gli ringrazio molto.*
6. *La ringrazio molto.*
7. *Lo ringrazio molto.*
8. *Le ringrazio molto.*

Zwei Sätze sind falsch:

9. *Mi conosci bene.*
10. *Te conosco bene.*
11. *Gli telefono domani.*
12. *Gli aspetto alle 3.*

Ü 137 Bilde 5 Sätze, nimm aus jedem Kästchen ein Wort.

1. Giada	*dico*	*da*	*gli penso sempre.*
2. Tu	*amo*	*una*	*cosa.*
3. Voi	*ti*	*lavate*	*Michele.*
4. L'	*vi*	*chiami*	*tutti i giorni?*
5. Ti	*mi*	*e*	*un bacio.*

Ü 138 Füge jeweils drei Silben zu drei sinnvollen Äußerungen zusammen.

spo	*si*	*la*
ti	*va*	*do*
ve	*siamo*	*ci*

Ü 139 Übersetze:

1. Er glaubt uns, nicht euch.
2. Ich heirate sie morgen. *(domani)*
3. Sie gibt ihnen, nicht uns, das Geld. *(i soldi)*
4. Ich sage ihnen gute Nacht.
5. Wir grüßen euch.
6. Du fragst ihn etwas?
7. Sie geben ihm einen Kuss.

Ab 5 richtigen Übersetzungen erreichst du den nächsten km-Stein.

Ü 140 In diesen 6 Städtenamen fehlt jeweils ein Pronomen bzw. eine Silbe:

1. Napo______ *2. ______lano* *3. Ri______ni*

4. ______cenza *5. A______ssandria* *6. Tries______*

141 Setze in den folgenden Sätzen die 3 passenden Pronomen ein. Die restlichen Pronomen ergeben – in der richtigen Reihenfolge eingesetzt – eine „wertvolle“ Lösung.

mi li ci vi li lo la

1. Prendi i soldi? *Sì, ______ prendo.*

2. Vedi Stefano? *Sì, ______ vedo.*

3. Ci guardate? *Sì, ______ guardiamo.*

Lösung: ______*nque*________ ______ *re*

142 In den folgenden 5 Eigennamen fehlen ebenfalls „Pronomen“.

1. ______resa *2. E______na* *3. Fi______ppo*

4. Mi______na *5. ______che______*

143 Übersetze:

1. Ich danke euch.
2. Sie grüßt mich nicht.
3. Wir geben ihnen 5.000 Lire.
4. Wir küssen sie (männlich, Mz.)
5. Umarmst du mich nicht?
6. Er ruft sie (Ez.) immer an.
7. Ich lade sie (weiblich, Mz.) ein.

Ab 5 richtigen Übersetzungen erreichst du den nächsten km-Stein.

PAUSE

Pronomen kommen in vielen Höflichkeitsfloskeln vor, und da ist es wichtig, zwischen du- und Sie-Form zu unterscheiden:

ti/Le	**indirekt (3. Fall)**	***ti/La***	**direkt (4. Fall)**
ti/Le presento	ich stelle dir/Ihnen vor	***ti/La saluto***	ich begrüße dich/Sie
ti/Le offro un gelato	ich lade dich/Sie auf ein Eis ein	***ti/La prego***	ich bitte dich/Sie
		ti/La ringrazio	ich danke dir/Ihnen

144 Welche Äußerungen meinen dasselbe? Verbinde jeweils zwei Äußerungen.

1. Grazie mille!	*La prego.*
2. Per favore!	*Le offro un caffè.*
3. Buongiorno!	*La ringrazio.*
4. Prende un caffè?	*Le presento mia sorella.*
5. Questa è mia sorella.	*La saluto.*

145 Setze in die Höflichkeitsform:

1. *Ti prego di entrare.* ______________________________

2. *Ti do 10.000 lire.* ______________________________

3. *Ti saluto.* ______________________________

4. *Ti offro un gelato.* ______________________________

5. *Ti dico una cosa.* ______________________________

Ab 4 richtigen Lösungen kommst du zum nächsten km-Stein.

Pronomen und Vergangenheit

Das Pronomen steht vor der Verbform. In der Vergangenheit ist die Verbform zweiteilig, das Pronomen steht vor dem Hilfsverb.

Hai visto Franz?	*Si,*	*(io)*		*l'*	*ho*	*visto.*
	No,	*(io)*	*non*	*l'*	*ho*	*visto.*

Ü 146 Antworte. Achte auf die Wortstellung!

1. *Avete mangiato il panino?* *Sì,* ______________________
   No, ______________________
2. *Hai preso l'aperitivo?* *Sì,* ______________________
   No, ______________________
3. *Hai bevuto il latte?* *Sì,* ______________________
   No, ______________________

Bei diesen Beispielsätzen war das Objekt immer männlich Ez. und bei der Endung des Partizips hat sich nichts geändert. In der Mehrzahl und bei einem weiblichen Pronomen passt sich die Endung des Partizips aber an.

Gr

Hai visto	*Franz?*	***l' (lo)***	*ho*	*vist**o***
	Franz e Karl?	***li***	*ho*	*vist**i***
	Karin?	***l' (la)***	*ho*	*vist**a***
	Karin e Anna?	***le***	*ho*	*vist**e***

Ü 147 Antworte:

1. *Hai trovato tuo fratello?* Sì, l'ho trovato.
2. *Avete fatto colazione?*
3. *Ha chiamato il papà?*
4. *Hai guardato i giornali?*
5. *Ha letto il libro?*
6. *Avete ringraziato la nonna?*
7. *Ha invitato le amiche?*

PAUSE

Ü 148

Antworte mit Ja:

1. *Hai capito la barzelletta?*
2. *Avete comprato il pane?*
3. *Ha portato la pizza?*
4. *Ha pagato i panini?*
5. *Hai invitato Franz e Karl?*
6. *Avete sentito il temporale?*
7. *Hai mangiato i tramezzini?*

la barzelletta – der Witz

il temporale – das Gewitter

Denke daran: **nur beim 4. Fall** machen wir die **Übereinstimmung!**

	Gegenwart	**Vergangenheit**
3. Fall	*Ho pensato agli amici.*	*Ho pensato a loro.*
4. Fall	*Ho chiamato gli amici.*	***Li ho chiamati.***

Ü 149

Beantworte folgende Fragen mit Ja. (3. und 4. Fall gemischt.)

1. *Hai trovato i tuoi fratelli?*
2. *Avete dato i fiori alle zie?*
3. *Hai regalato dei soldi ai bambini?*
4. *Ha comprato il gelato?*
5. *Avete scritto a papà e mamma?*
6. *Hai telefonato a Chiara?*
7. *Hanno mangiato i panini?*

Ü 150

Antworte:

1. *Hai scritto a Carla?*
2. *Ha portato il libro?*
3. *Avete telefonato a Paolo?*
4. *Ha invitato gli amici?*
5. *Hai offerto un gelato a Pippo?*
6. *Hanno fatto la festa?*
7. *Hai presentato Paolo ai tuoi genitori?*

Ab 5 richtigen Antworten kassierst du den nächsten km-Stein.

Das angehängte Objektpronomen

Das Pronomen steht vor (unbetont) oder nach einer abgewandelten Verbform (betont). An einen Infinitiv oder Imperativ hängt es sich an. Wir haben das bei den reflexiven (rückbezüglichen) Verben schon gesehen. Das *e* am Ende des Infinitivs fällt dabei weg.

Infinitiv + Pronomen

*Devo veder**ti**!* Ich muss dich sehen! Das **unbetonte Pronomen** *(mi, ti, lo, gli, la, le, ci, vi, li, le)* hängt sich an.

(Io)	*devo*	*veder**ti**.*
Ich	muss	„sehen dich"

Ü 151 Erinnert ihr euch an die Modalverben? Schreibt die Bedeutung dazu.

1. devo	
2. voglio	
3. posso	
4. so	
5. non devo	

Ü 152 Übersetze den fehlenden Satzteil:

1. *Devo vederla.* Ich ____________________________ sehen.

2. *Posso telefonargli.* Ich ____________________________ anrufen.

3. *Non devo incontrarvi.* Ich ____________________________ nicht treffen.

4. *So parlarlo.* Ich _____________ sprechen.

5. *Voglio capirli.* Ich ____________________________ verstehen.

Ü 153 Übersetze folgende Reflexivkonstruktionen:

1. *Vogliono lavarsi.*
2. *Dobbiamo vestirci.*
3. *Sai truccarti?*
4. *Puoi alzarti?*
5. *Non dovete addormentarvi.*

Imperativ und Pronomen

Die **unbetonte** Form des Pronomens wird an den Imperativ angehängt. Wenn ein Pronomen an eine einsilbige Befehlsform angehängt wird, verdoppelt sich der Konsonant.

fa + mi → fammi	(mach mir/mich)
di + ci → dicci	(sag uns)
da + mi → dammi	(gib mir)

Ü 154 Übersetze:

1. Glaub mir!
2. Schau sie (m., Mz.) an!
3. Küsse sie! (w., Ez.)
4. Ruf uns an!
5. Interessiert euch!
6. Danke mir!
7. Heirate ihn!

Ab 5 Richtigen hast du den nächsten km-Stein dieser Etappe erreicht.

Lenny: Zieh mich hoch!

Fulvia: *Tiramisù?*

Ü 155 Verneine die folgenden Befehle:

1. *Gu**a**rdati!* ____________________
2. *Asc**o**ltalo!* ____________________
3. *Aspett**a**teci!* ____________________
4. *Inv**i**tami!* ____________________
5. *Cr**e**dile!* ____________________

Die Betonung liegt auf dem **fett** gedruckten Vokal.

Lennys Brief aus Rom

Korrigiere die von Fulvia unterwellten Fehlerstellen. Damit kannst du fehlende km-Steine ausgleichen oder einen zusätzlichen Ausflug nach „Ostia" eintragen.

Roma, 5 agosto 1999

Cara mamma,

è vero che tutte le strade portano a Roma! Siamo a Roma, all'hotel Colosseo. Sono molto stanco, gli scrivo e poi vado a dormire.
Ieri Fulvia ha telefonato a sua zia Franca. Zia Franca ci ha invitati a pranzo. Ha detto: "Venite, vi faccio le lasagne." Fulvia l'ha ringraziata. Poi le ha detto: "Senti Lenny. Le lasagne di zia Franca sono cattive, io lo so già. Mi capisci? Abbiamo un piccolo problema. Come facciamo? Aiutala! Troviamo una soluzione." "Guarda Fulvia", mi ho risposto. "A te le lasagne di zia Franca non piacciono? Telefonale e dille che io sono malato e che tu non hai fame." Fulvia li ha telefonato e zia Franca le ha creduto la storia. Abbiamo comprato 2 panini e vi siamo seduti in piazza Navona. "Buoni, questi panini", ho detto. Improvvisamente abbiamo sentito una voce: "Ciaaaaao Fulvia!" Era zia Franca. "Ma cosa fate? Mangiate panini? Io lo invito, tu mi dici che il tuo amico è malato, e poi vi incontro in Piazza Navona con 2 panini in mano? Adesso capisco tutto! Mi hai raccontato una storia. Allora, buon appetito!" È strano, no? Roma è grande ...

Te bacio e abbraccio,

tuo Lenny

tutte le strade – alle Wege, *a pranzo* – zum Mittagessen, *cattivo/a* – schlecht, *la soluzione* – die Lösung, *la storia* – die Geschichte, *improvvisamente* – plötzlich, *la voce* – die Stimme, *era* – es war, *mi dici che* – du sagst mir, dass, *adesso* – jetzt, *strano* – sonderbar

NILPFERD

Du kannst dich nicht mehr konzentrieren?
Du sitzt schon viel zu lange bei deinen Hausaufgaben?

Tanke wieder Energie:
Du stehst, die Beine sind hüftbreit auseinander, die Füße zeigen gerade nach vorne. Die Knie sind gebeugt und leicht federnd. Du schwingst nun die gestreckten Arme abwechselnd nach vorne und hinten.
Achte darauf, dass der Arm vorne und der Arm rückwärts mit den Schultern eine Linie bilden.

Wiederholung der Übung:
50-mal mit jedem
Arm nach vorne

Vierte Etappe – *Quarta tappa:*

Roma → Napoli

ADVERBIEN

Fulvia: *Bene, bene, andiamo avanti allora.*

Lenny: Fulvia, was heißt eigentlich *bene*?

Fulvia: *Bene? Bene* heißt gut.

Lenny: Ach so? Wieso sagt man dann für „guten Morgen" *buongiorno* und nicht *bengiorno*?

Es ist ähnlich wie im Englischen: Da gibt es auch **good** und **well**.

You are a **good** football player.	*Sei un **buon** calciatore.*
You play **well.**	*Giochi **bene**.*

buono	Adjektiv	bestimmt das Substantiv näher (wie ist etwas?)
bene	Adverb	bestimmt das Verb näher (wie wird etwas gemacht?)

Bene

Sto bene.	Mir geht es gut.
Va bene.	Es geht gut/in Ordnung
bene	in Ordnung/einverstanden
Ti voglio bene.	Ich hab dich lieb.
Ben fatto!	Gut gemacht!
Ben detto!	Gut gesagt!
beneducato	wohlerzogen, höflich
benvestito	gut gekleidet

BUONO/ CATTIVO

(siehe Seite 35)

una ***buona/ cattiva*** *pizza*	eine gute/schlechte Pizza
un ***buon/*** *cattivo autista*	ein guter/schlechter Chauffeur

Adjektiv	Adverb
buono/a	***bene***
cattivo/a	***male***

Ü 156

Bene o male?

1. Ho dimenticato il libro! __________*!* *2. C'è un bel film!* __________*!*

3. Vado al cinema! __________*!* *4. Non posso aiutarti.* __________*!*

5. Ho la febbre! __________*!*

dimenticare – vergessen, *la febbre* – das Fieber

Ü 157

Buono/a o bene?

1. Oggi ho un esame (Prüfung). __________ *fortuna!*

2. Come stai? __________*!*

3. Parli l'inglese? Sì, lo parlo molto __________ .

4. Ti telefono domani. Va __________ .

5. Oggi è il 5 maggio! __________ *compleanno, mamma!*

6. Com'è la pizza? __________ .

7. Vado a dormire. __________ *notte.*

TIPP

Buono steht entweder beim Nomen (*una buona pizza*) oder in Sätzen mit *essere*.	**Bene** steht in Sätzen mit anderen Verben als *essere*, z. B. *andare, stare, parlare*, ...

Ü 158

Buono o bene?

1. In questo bar il caffè è molto ____________.

2. Oggi non sto ____________. Forse sono malato.

3. ____________ notte, cara, dormi ____________.

4. Gli spaghetti di zia Franca sono sempre molto ____________.

5. Oggi devo vestirmi ____________. Voglio essere bella.

6. Dino Zoff è un ____________ allenatore?

7. ____________ Pasqua! Tanti auguri.

malato/a – krank, *l'allenatore* – der Trainer

Ab 5 richtigen Lösungen → *va bene*!
Stürze dich auf den ersten km-Stein Richtung Napoli.

Ü 159

Verbinde die zusammenpassenden Sätze/Satzteile.

1. Sei stanco oggi.	*Abbiamo mangiato malissimo!*
2. Cosa hai detto?	*molto beneducato.*
3. Questo è un ristorante cattivo.	*Hai dormito male?*
4. Ti amo.	*Non ho sentito bene.*
5. È un ragazzo	*Bene!*

Arten von Adverbien

Eigene Adverbformen

bene	gut
male	schlecht
volentieri	gerne
tardi	spät
presto	früh
molto	viel, sehr
poco	wenig
subito	gleich
troppo	zu viel, zu ...
piano	langsam, leise
forte	schnell, laut

Ü 160

Setze ein: *tardi, piano, presto, poco, volentieri, male, troppo.*

1. *Vuoi mangiare ____________ (alle 6) o ____________ (alle 10)?*

2. *Come mangi ____________! Sembri un maialino.*

3. *Mangia ____________! O devi prendere un treno?*

4. *Luisa mangia molto ____________ . Solo 700 calorie al giorno.*

5. *Paolo è grasso perché mangia ____________.*

6. *Gli spaghetti sono buoni. Li mangio ____________.*

sembri un maialino – du wirkst wie ein Schweinchen,
prendere un treno – einen Zug erreichen, *al giorno* – pro Tag, *grasso/a* – dick

Von Adjektiven abgeleitete Adverbien

Man kann aus jedem Eigenschaftswort ein Adverb bilden, so man damit **sinnvollerweise** die Art und Weise, wie etwas geschieht oder gemacht wird, beschreiben kann. (Übrigens: „sinnvollerweise" ist ein Adverb!)

Die italienische Endsilbe ***-mente*** ist vergleichbar mit dem englischen -ly!

Adjektiv	Grundform	Übergangsform	+ *mente*
auf *o/a*	*rapid**o/a*** (schnell)	*rapid**a*** (weibl.)	*rapida**mente***
auf *e*	*fort**e*** (stark)	*fort**e***	*forte**mente***
auf *le*	*probabi**le*** (wahrscheinlich)	*probabil-*	*probabil**mente***
auf *re*	*particola**re*** (besonders)	*particolar-*	*particolar**mente***

Bilde von folgenden Adjektiven das Adverb:

1. serio ____________

2. chiaro ____________

3. particolare ____________

4. dolce ____________

5. elegante ____________

6. gentile ____________

7. aperto ____________

serio/a – ernst, *chiaro/a* – klar, *dolce* – süß

Ab 5 richtigen Lösungen eroberst du den nächsten km-Stein.

Kannst du das längste italienische Wort aussprechen?
(Es bedeutet: extrem sturzartigerweise)
Versuch's einmal: *p r e - c i - p i - t e - vo - l i s - s i - m e - v o l - mente!*

162

Bilde das Adverb und setze es an passender Stelle ein.

abile	*lento*	*tenero*	*veloce*	*paziente*	*sincero*	*diretto*
geschickt	langsam	zärtlich	schnell	geduldig	ehrlich	direkt

1. *Cammina ___________________! C'è il ghiaccio.*

2. *Alla fine lui bacia lei molto ___________________.*

3. *Bisogna andare molto ___________________. Siamo in ritardo.*

4. *Devi aspettare ___________________. Purtroppo l'aereo è in ritardo.*

5. *Vieni ___________________ o vai prima in ufficio?*

6. *Hai riparato la bicicletta molto ___________________. Bravo!*

7. *Lo dico ___________________: quel vestito è troppo sexy.*

c'è il ghiaccio – es gibt Glatteis, *alla fine* – am Ende,
bisogna – man muss, *in ritardo* – spät dran,
purtroppo – leider, *l'aereo* – das Flugzeug, *prima* – zuerst,
in ufficio – ins Büro, *riparare* – reparieren,
la bicicletta – das Fahrrad, *il vestito* – das Kleid

Ab 5 richtigen Lösungen braust du vorwärts zum nächsten km-Stein.

163

Achtung Rätsel!
Bilde das dargestellte Wort.

Adverb + Adverb

Adverbien bestimmen Verben, aber auch Adjektive näher:

Vieni veramente?	Kommst du wirklich?
Sei veramente gentile!	Du bist wirklich nett!

Sei veramente bella.	Du bist wirklich schön.
Oggi sei particolarmente gentile.	Heute bist du besonders freundlich.
Sei incredibilmente allegra.	Du bist unglaublich lustig.

Verbinde die Satzteile:

1. Sei incredibilmente	*bene il francese.*
2. Guidi troppo	*simpatico.*
3. Parlate veramente	*a casa?*
4. Sono molto	*fame oggi.*
5. Ho particolarmente	*velocemente.*
6. Andate direttamente	*stanchi.*

Setze die Gegenteile ein.

velocemente	
	poco
	cattivo
piano	
	male

Ab 4 richtigen Gegenteilen rückst du zum nächsten km-Stein vor.

Kombiniere die passenden Sätze untereinander.

1. Sono andata a letto tardi.	*Il bambino dorme.*
2. Ti voglio bene!	*Volentieri.*
3. Parla piano.	*Perché? Sei andata a una festa?*
4. Vieni al concerto con me?	*Anch'io, amore.*

Ü 167

Setze ein:

1. *molto – probabilmente – naturalmente* (natürlich)

Ho la febbre. ________________ sono malata. ________________ sono arrabbiata perché oggi c'è una festa. Sono veramente ________________ arrabbiata.

2. *veramente – incredibile – finalmente* (endlich)

Sono ________________ stanca. È ________________ ma non trovo il mio pigiama. ________________ lo trovo e posso dormire.

3. *male – tardi – molto*

Sono andata a letto ________________. Ho dormito ________________ poco e ________________.

Ü 168

Setze ein:

esattamente, tardi, male, buono, bene, particolarmente, incredibile

1. *È ________________. Ho trovato 100.000 lire.*

2. *Il panino è molto ________________.*
3. *Quando vai a letto? ________________, dopo mezzanotte.*
4. *Questa macchina non va ________________.*
5. *Oggi sei ________________ gentile.*
6. *Come stai? ________________, ho mal di testa.*
7. *Fa ________________ 12.000 lire, prego.*

esattola – genau, *mezzanotte* – Mitternacht, *mal di testa* – Kopfweh

Ab 5 richtigen Lösungen hast du den nächsten km-Stein Richtung Neapel erreicht.

Lennys Brief aus Neapel

Korrigiere die von Fulvia unterwellten Fehlerstellen. Damit kannst du fehlende km-Steine ausgleichen oder einen zusätzlichen Ausflug Nach „Pompei“ eintragen.

Napoli, 13 agosto 1999

Cara mamma,

vedere Napoli e morire! Buon detto. Napoli è particolarmente interessante. Una bellissima città. La pizza è molto bene. Siamo stati sul Vesuvio e a Pompei. Purtroppo il nostro hotel, si chiama Hotel Vesuvio, è vero rumoroso e così dormiamo cattivo. Regolarmente ci svegliamo alle 5 per il rumore.

Oggi abbiamo deciso di andare a fare una passeggiata. Improvvisamente abbiamo visto un signore un po' strano. Alto, magro, con un vestito nero. Ci ha guardati. Che paura! Ma lui ci ha detto molto gentilmente: "Buongiorno ragazzi. Perché camminate così veloce? Dovete prendere un treno?“ E Fulvia: "Sei lo zio Falstaff! Vero non ti ho riconosciuto!“ Ah, Fulvia e i suoi parenti! Siamo andati al bar e lo zio Falstaff ci ha offerto un gelato molto buono. Poi mi ha detto: "Allora Lenny, stai studiando l'italiano. Ma lo parli perfetto!“

Fulvia è veramente una buona insegnante. E gli italiani sono gentili. lo dico solo "Buongiorno!“ o "Come va la vita?“ e loro mi dicono sempre: "Ma come parli bene l'italiano!“

Ciao
Lenny

purtroppo – leider, *regolarmente* – regelmäßig, *per il rumore* – wegen des Lärms, *magro/a* – dünn, *il vestito* – der Anzug

BECKENACHTEN UND ARMKREISEN

Du fühlst dich schlaff?

„Male" mit deinem Becken eine Acht, damit dein Körper Energie zum schöpferischen Träumen bekommt:
Du stehst mit leicht gebeugten Knien, die Füße sind hüftbreit auseinander. Du streckst die Arme nach hinten und verschränkst die Daumen ineinander. Nun machst du mit den Hüften eine Vor- und Rückwärtsbewegung, sodass daraus eine Acht entsteht. Der Oberkörper bleibt dabei aufrecht, die Atmung ist fließend.
Achte darauf, dass die Ellbogen möglichst gestreckt bleiben.

Dauer der Übung: 30-mal

Eine letzte Übung zur Aktivierung deiner Energie:

Du stehst hüftbreit, die Knie locker. Du kreist nun mit beiden Armen gleichzeitig von vorne nach oben, über den Kopf nach hinten.
Achte darauf, dass die Ellbogen gestreckt bleiben.

Wiederholung der Übung: 50-mal

Fünfte Etappe – *Quinta tappa:*

Napoli → Palermo

PRÄPOSITIONEN: *in, a, da, di*

Lenny: Vorwörter? Das erinnert mich an Vorspeisen. Hätten die nicht eher am Anfang kommen müssen? Als *antipasti*?

Fulvia: Bei uns sind sie die Nachspeisen. *Dulcis in fundo*. Das Süße zum Schluss, sagt der Lateiner.

Lenny: Was ist an Präpositionen bitte süß?

Fulvia: Die Qual, sich zwischen ihnen zu entscheiden. Aber das kriegen wir hin. Hauptsächlich geht es hier um Vokabel.

Man muss wissen:
- Welche Präposition gehört hierher?
- Mit oder ohne Artikel?
- Wie schaut die Verbindung Präposition – Artikel aus?

Räumliche Bedeutungen

Präposition *in*

Ein Land

***in** Italia*	in/nach Italien

Stadt, Land, Berge ...

***in** città*	in der/die Stadt

Raum der Wohnung:

***in** cucina*	in der/die Küche

In einer Sprache:

***in** italiano*	auf Italienisch

Mit einem Fahrzeug:

***in** macchina*	mit dem Auto

Lenny: Fulvia, das Reisefieber hat uns wieder!

Ü 169

Ordne die folgenden Vokabeln in eine der 5 Spalten ein:

camper – spagnolo – Portogallo – città – francese – camera – russo – treno – Germania – campagna – bicicletta – cinese – soggiorno – inglese – Francia – Svizzera – Spagna – Russia – India – moto – montagna – America – autobus – Cina – macchina – bagno – scooter – cucina – tedesco – cantina

Länder	Sprachen	Fahrzeuge	Regionalbegriffe	Räume
in	*in*	*in*	*in*	*in*

il camper – das Wohnmobil, *il treno* – der Zug, *la campagna* – das Land (Gegensatz zu Stadt), *la bicicletta* – das Fahrrad, *il soggiorno* – das Wohnzimmer, *la montagna* – das Gebirge, *il bagno* – das Badezimmer, *la cantina* – der Keller

Ü 170

Cosa fai quest'estate? Cose strane! (Komische Sachen). Setze die passenden Vokabeln von Übung 169 ein.

1. *Vado in C*ina ____________________

   ... in a ____________________

2. *... in R* ____________________

   ... in b ____________________

3. *... in I* ____________________

   ... in m ____________________

4. *... in G* ____________________

   ... in s ____________________

5. *... in A* ____________________

   ... in t ____________________

PAUSE

In kommt nicht nur in den oben genannten Ausdrücken vor, sondern überhaupt bei genauen Ortsangaben.

in questo libro	in diesem Buch
nel libro d'italiano	im Italienischbuch

Präpositionen verschmelzen mit dem Artikel. Das nennt man ***preposizione articolata.***

in articolato

in + il	*in + lo*	*in + l'*	*in + la*	*in + le*	*in + i*	*in + gli*
nel	*nello*	*nell'*	*nella*	*nelle*	*nei*	*negli*

Ü 171 Bilde die *preposizione articolata.*

1. *in + il libro* ________________ im Buch
2. *in + l'albergo* ________________ im Hotel
3. *in + la mia casa* ________________ in meinem Haus
4. *in + le case* ________________ in den Häusern

Ü 172 Übersetze:

1. in seinem Zimmer
2. in meinem Auto
3. in unserem Restaurant
4. in unserer Küche
5. in deinem Haus
6. in euren Zimmern
7. im blauen Badezimmer

Ab 5 Richtigen → nächster km-Stein.

Präpositionen werden **nur mit dem bestimmten Artikel** verbunden!

*Vado **in una** chiesa.*	
Ich gehe **in eine** Kirche.	

Vado ***nella chiesa di S. Croce.***	
Ich gehe **in die Kirche „S. Croce"**	

Ü 173 Verbinde:

1. in + la casa, + una casa;
2. in + un albergo, + il nostro albergo;
3. in + una camera, + la camera di Paola

Präposition *a*

A bedeutet auch **nach**, **in**. Es steht für viele Bedeutungen, die im Deutschen mit „zu" wiedergegeben werden. Man braucht es im Zusammenhang mit täglichen „Gängen", Freizeitaktivitäten, Kulturstätten und öffentlichen Einrichtungen.

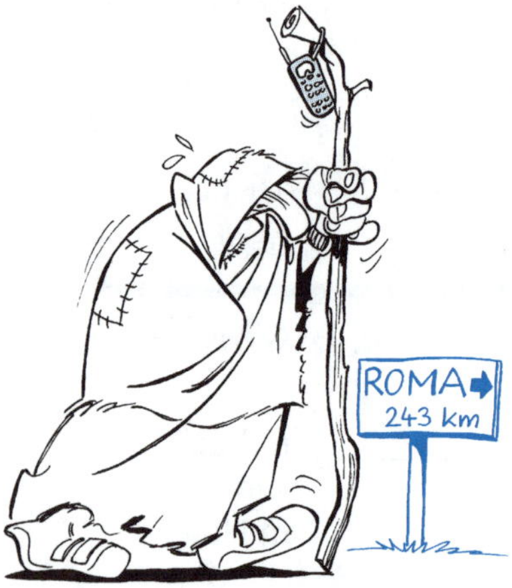

a Roma a piedi

OHNE ARTIKEL	
a Roma	nach/in Rom
a casa	nach/zu Hause
a scuola	in die/der Schule
a letto	ins/im Bett
a teatro	ins/im Theater
a destra, a sinistra	(nach) rechts, (nach) links

MIT ARTIKEL, MÄNNLICH	
al bar/ristorante	ins/im Café, Restaurant
al liceo	ins/im Gymnasium
allo stadio	ins/im Stadion
al cinema/concerto	ins/im Kino, Konzert
al mare	ans/am Meer

MIT ARTIKEL, WEIBLICH	
alla banca	auf die/der Bank
all'opera	in die/der Oper
alla scuola elementare	in die/der Volksschule
all'università	auf die/der Uni

MIT UNBESTIMMTEM ARTIKEL	
a una festa	auf ein/einem Fest
a una mostra	in eine Ausstellung

AUCH EIN INFINITIV KANN AUF *ANDARE A* FOLGEN	
andare a ballare	tanzen gehen
andare a trovare qualcuno	jemanden besuchen gehen
andare a fare la spesa	einkaufen gehen
andare a fare una passeggiata	einen Spaziergang machen
andare a dormire	schlafen gehen
andare a lavorare	arbeiten gehen

a articolato

a + il	a + lo	a + l'	a + la	a + i	a + gli	a + le
al	allo	all'	alla	ai	agli	alle

Ü 174 Verbinde die Präposition ***a*** mit folgenden Ausdrücken:

1. lo stadio, 2. la banca, 3. il mare, 4. l'opera, 5. il ristorante,
6. l'osteria (Wirtshaus)

Ü 175 Verbinde ***a*** mit folgenden gemischten Wörtern:

1. le amiche, 2. gli italiani, 3. i ristoranti, 4. l'americana,
5. lo zio, 6. la fragola

Ab 5 richtigen Lösungen fährst du zum nächsten km-Stein.

Ü 176 *Dove vai?* Setze die passende „Örtlichkeit" ein.

stazione, fare la spesa, bar, casa, cinema

1. Vado ______________________ *a prendere un caffé.*

2. Vado ______________________ *a vedere l'ultimo film di Woody Allen.*

3. Vado ______________________ *perché sono stanchissima.*

4. Vado ______________________ *perché non ho più niente da mangiare.*

5. Vado ______________________ *perché arriva la mia amica.*

niente da mangiare – nichts zu essen

Fulvia: *Vado a mangiare perché ... ho fame! Vorrei ... spaghetti, ma al dente.*

Lenny: Wieso eigentlich *al dente?* Heißt *dente* nicht Zahn?

Fulvia: Ja. *Al dente* heißt bissfest!

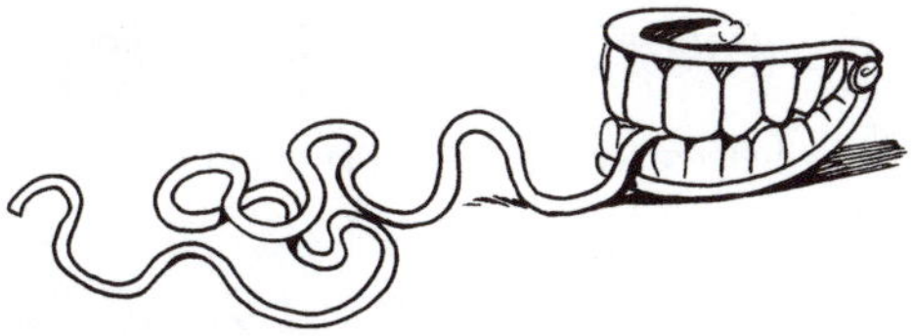

Lenny: Dieses *al, alla, alle* kommt in so vielen Namen für Speisen vor! Was heißt das eigentlich?

Fulvia: *Al, alle, alla* heißt mit bestimmten Zutaten oder nach einer bestimmten Art:

spaghetti alle vongole sind mit Muscheln;
spaghetti alla carbonara sind nach Art der Köhler gemacht;
gnocchi alla romana sind Nocken auf römische Art;
bistecca al burro: in Butter gebratenes Steak;
pasta al sugo ... ist klar!

Du kannst *in* und *a* unterscheiden. Setze ein, gegebenenfalls auch den Artikel:

1. _____ macchina, 2. _____ Firenze, 3. _____ dormire, 4. _____ Germania,

5. _____ bar, 6. _____ scuola, 7. _____ francese, 8. _____ bicicletta,

9. _____ opera, 10. _____ cinema, 11. _____ America, 12. _____ bagno

Ab 9 richtigen Lösungen erreichst du den nächsten km-Stein.

Präposition *da*

Da bedeutet:

ZU (EINER PERSON)	
da Franco	zu/bei Franco
da un'amico	zu/bei einem Freund
dalla nonna	zur/bei der Oma
Spezialisten	
dal medico	zum/beim Arzt
dal dentista	zum/beim Zahnarzt
dalla pettinatrice	zum/beim Friseur*
dal maestro	zum/beim Lehrer
Geschäfte	
dal tabaccaio	in die/der Trafik
dal panettiere	zum/beim Bäcker

* eigentlich: zur/bei der Friseurin

VON EINEM ORT

vengo da Roma	ich komme aus Rom
il treno da Milano	der Zug aus Mailand
il viaggio da Palermo a Roma	die Reise von Palermo nach Rom

Leicht zu merken!

Wie man ***da*** mit dem Artikel verbindet und verwendet, siehst du in den Übersichtstabellen:

in	Länder
a	Städte
da	Personen

prep.	***il***	***lo***	***l'***	***la***	***i***	***gli***	***le***
in	*nel*	*nello*	*nell'*	*nella*	*nei*	*negli*	*nelle*
a	*al*	*allo*	*all'*	*alla*	*ai*	*agli*	*alle*
da	*dal*	*dallo*	*dall'*	*dalla*	*dai*	*dagli*	*dalle*

preposizione	**Zusammenhänge**
in	*in Italia, in italiano, in macchina, in cucina, in città*
a, al	*a Roma, a casa, al bar, a ballare, a una festa*
da, dal	*da Roma, da Paolo, dal mio ragazzo*

Ü 178 Setze die passende Präposition ein (bei Orten ist die Bewegung dorthin gemeint).

1. _____ casa, 2. _____ Italia, 3. _____ Milano, 4. _____ zia Maria,

5. _____ scuola, 6. _____ tedesco, 7. _____ noi, 8. _____ mare,

9. _____ macchina, 10. _____ nonna, 11. _____ cinema,

12. _____ Francia, 13. _____ letto

Ü 179 Setze ein:

1. _____ russo, 2. _____ camera, 3. _____ montagna,

4. _____ Paolo, 5. _____ dottore, 6. _____ dormire,

7. _____ Austria, 8. _____ Berlino, 9. _____ dentista,

10. _____ bar

Ab 7 richtigen Lösungen erreichst du den nächsten km-Stein.

180 Bilde die *preposizioni articolate.*

	1. *l'opera*	2. *il cinema*	3. *la posta*	4. *lo stadio*
a				

	5. *la nonna*	6. *le ragazze*	7. *i suoi amici*	8. *il professore*
da				

181 Zerlege folgende *preposizioni articolate.*

1. *alle*	*a + le*	5. *nei*	
2. *dall'*		6. *ai*	
3. *nelle*		7. *dal*	
4. *allo*		8. *negli*	

182 Übersetze.

1. Ich gehe ins Konzert.
2. Du gehst zu einer Freundin.
3. Er geht nach Paris. *(Parigi)*
4. Wir gehen nach Hause.
5. Ihr geht schlafen.
6. Sie gehen zum Arzt.
7. Sie waren bei der Friseurin.

Ab 5 richtigen Übersetzungen besetzt du den nächsten km-Stein.

183 Gib Ratschläge: *Hai fame? Vai al ristorante!*

1. *Voglio comprare dei francobolli.* ______________________
2. *Devo esercitare il mio tedesco.* ______________________
3. *Voglio vedere il Colosseo.* ______________________
4. *Sono stanchissimo.* ______________________

esercitare – üben, *il francobollo* – die Briefmarke

Ü 184

Setze folgende Ausdrücke in die Mehrzahl:

1. *dal mio amico* ______________________________

2. *nella mia città* ______________________________

3. *da nostra zia* ______________________________

4. *al mio ragazzo* ______________________________

5. *dallo studente americano* ______________________________

6. *nel nostro bar* ______________________________

7. *da tua nonna* ______________________________

8. *nel mio ristorante* ______________________________

9. *da suo zio* ______________________________

10. *nel loro bagno* ______________________________

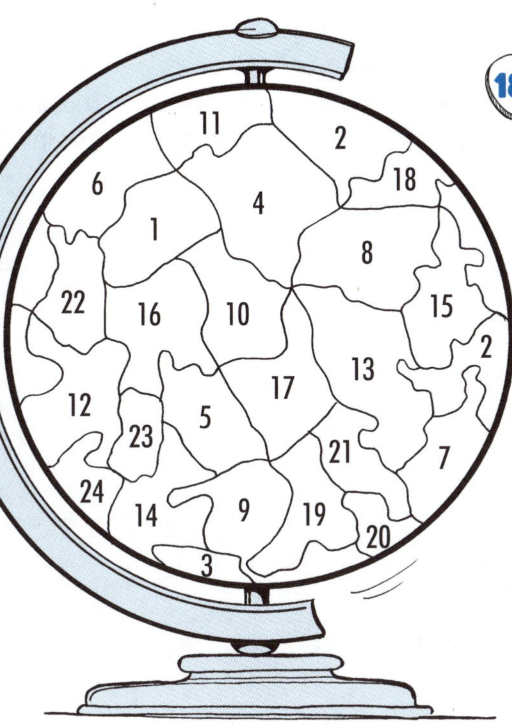

Ü 185

Sind das Länder oder Städte?
Male in zwei Farben an.

1 Amburgo	*13 Albania*
2 Cina	*14 Egitto*
3 Mosca	*15 Croazia*
4 Venezia	*16 Piemonte*
5 Toscana	*17 Siena*
6 Olanda	*18 Giappone*
7 Cechia	*19 Salisburgo*
8 Svezia	*20 Giordania*
9 Grecia	*21 Lisbona*
10 Londra	*22 Francia*
11 Carinzia	*23 Parigi*
12 Portogallo	*24 Bavaria*

Zeitangaben mit *in, a, da*

nel mese di (im Monat)	*1 gennaio, 2 febbraio, 3 marzo, 4 aprile, 5 maggio, 6 giugno, 7 luglio, 8 agosto, 9 settembre, 10 ottobre, 11 novembre, 12 dicembre*

in	*primavera* (Frühling)
	estate (Sommer)
	autunno (Herbst)
	inverno (Winter)

a Natale	zu Weihnachten
a Capodanno	am Neujahrstag
a Pasqua	zu Ostern

il 1996	das Jahr 1996
il 2 marzo	der 2. März, am 2. März
le 3	3 Uhr

in	*nel 1996*	im Jahr 1996				
da	*dal 1996*	von 1996	*dal 2*	vom 2.	*dalle 3*	von 3 Uhr
a	*al 1998*	bis 1998	*al 5 marzo*	bis 5. März	*alle 5*	bis/um 5 Uhr
	il 1996	das Jahr 1996	*il 2 marzo*	am 2. März, der 2. März	*le 3*	3 Uhr
***da** 3 anni*		seit drei Jahren				

Ü 186

Beantworte diese persönlichen Fragen.

1. *Quando sei nato/a?* (Jahr) ______________________________

2. *A che ora ti alzi?* ______________________________

3. *Quante ore dormi?* (von – bis) ______________________________

4. *A che ora arrivi a casa dopo la scuola?* ______________________________

5. *A che ora devi essere a casa alla sera?* ______________________________

Ü 187 Wann war was? Ordne die Fragen den Jahreszahlen zu.

1410–1431	1756–1792	1980	1492	20. 7. 1968

1. Quando è vissuto Mozart?

2. Quando è vissuta Jeanne d'Arc?

3. Quando è arrivato sulla luna il primo uomo?

4. Quando è arrivato in America Cristoforo Colombo?

5. Quando è morto John Lennon?

la luna – Mond,
il primo uomo – der erste Mensch

Übersetze:

Ü 188

1. um 5 Uhr ______________________
2. am 25. Dez. ______________________
3. zu Weihnachten ______________________
4. im Winter ______________________
5. von 11 bis 12 Uhr ______________________
6. im März ______________________
7. vom 2.–3. Jän. ______________________
8. der 12. Februar ______________________
9. zu Ostern ______________________
10. von 1939 bis 1945 ______________________

Ab 8 richtigen Übersetzungen rückt Palermo wieder einen km-Stein näher.

di

Ich bin schon der Meister der Präpositionen!
*Il campione delle preposizioni? Ancora il **di**, e poi sei un campione.*

di + il	*di + lo*	*di + l'*	*di + la*	*di + i*	*di + gli*	*di + le*
del	*dello*	*dell'*	*della*	*dei*	*degli*	*delle*

Di hat mehrere Funktionen:

Genetiv	*Fratelli **d'**Italia*	„Brüder Italiens" (Hymne)
Besitz	*la casa **di** Paolo*	Paolos Haus
Zugehörigkeit	*la casa **degli** spiriti*	das Geisterhaus
Teilungsartikel (unbest. Menge)	***del** pane*	etwas Brot
Unbest. Art. Mz.	***dei** ragazzi*	(mehrere) Ragazzi
Subst. + *di*	*voglia **di***	Lust auf
	*bisogno **di***	Bedürfnis nach
Verb + *di*	*parlare **di***	sprechen von
etwas + Adjektiv	***qualcosa di** bello*	etwas Schönes

Verbinde die zusammengehörigen Teile und bilde die *preposizioni articolate.*

Ü 189

1. il Giro	***di***	*San Marco*
2. il Re		*la Giungla*
3. lo Stato		*i Leoni*
4. il Libro		*il Vaticano*
5. la Basilica		*Italia*

Ü 190

1. il Conte	***di***	*gli Stivali*
2. la Regina		*Monza*
3. il Gran Premio		*Inghilterra*
4. il Gatto		*Venezia*
5. il Lido		*Montecristo*

il re – der König, *la regina* – die Königin, *il conte* – der Graf, *il gatto* – die Katze, *lo stivale* – der Stiefel

191 Bilde die italienischen Entsprechungen folgender zusammengesetzter Wörter:

Olivenöl	arrosto oliva di olio d' carote mele insalata maiale di patate di purea di succo
Schweinsbraten	
Apfelsaft	
Kartoffelpüree	
Karottensalat	

192 Quiz – Quiz – Quiz! Kreuze die richtige Antwort an.

1. *Come si chiama il marito* ***della*** *Regina Elisabetta?*
   ☐ *Charles* ☐ *Andrew* ☐ *Phillipp*
2. *Qual'è la capitale* ***della*** *Lombardia?*
   ☐ *Torino* ☐ *Bergamo* ☐ *Milano*
3. *Qual'è il quadro più famoso* ***del*** *museo del Louvre?*
   ☐ *la Monalisa* ☐ *Guernica* ☐ *L'ultima cena*
4. *Al mare i bambini fanno castelli* ***di***
   ☐ *sabbia* ☐ *acqua* ☐ *cioccolato*
5. *Qual'è il monumento più importante* ***di*** *Pisa?*
   ☐ *il castello* ☐ *il museo* ☐ *la torre*

la capitale – die Hauptstadt,
il quadro più famoso – das berühmteste Bild,
il monumento più importante – die wichtigste Sehenswürdigkeit,
il castello – die Burg

193 Kombiniere die Satzteile:

1. Ho bisogno della	*mangiare.*
2. Dimmi qualcosa di	*parlate?*
3. Non ho voglia di	*tua macchina.*
4. Di cosa	*gelato?*
5. Hai voglia di un	*bello.*

Ü 194

Übersetze:

1. Ich habe Lust, sie (Ez.) zu sehen.
2. Wir brauchen einen Urlaub.
3. Gib mir etwas Gutes zu essen!
4. Reden wir über die Zukunft!
5. Brauchst du mein Fahrrad?
6. Wir haben über das Wetter gesprochen!
7. Hast du Lust, einkaufen zu gehen?

Mindestens 5 Richtige? Palermo, wir kommen!

una vacanza – ein Urlaub,
il futuro – die Zukunft,
il tempo – das Wetter

Mengenangaben mit *di*

AUSDRÜCKE FÜR UNBESTIMMTE MENGEN

un po' di	ein bisschen, ein paar	
un sacco di	ein Sack voll	sehr viel, sehr viele

GENAUE MENGEN IN GRAMM, LITER ETC.

100 grammi ***di*** *burro*	100 Gramm Butter
un chilo ***di*** *farina*	ein Kilo Mehl
un litro ***di*** *latte*	ein Liter Milch

MENGENANGABEN IN BEHÄLTERN

un bicchiere ***di*** *vino*	ein Glas Wein
una bottiglia ***d'****olio*	eine Flasche Öl

Ü 195

Polenta al burro e formaggio

Kombiniere Zutaten und Mengen zu einer köstlichen Polenta. Mahlzeit!

500 grammi di	*acqua*
1½ litri di	*burro*
un po' di	*farina gialla*
50 grammi di	*parmigiano grattuggiato*
50 grammi di	*sale*

la farina gialla – das Maismehl,
grattuggiato – gerieben

Das Wasser zum Kochen bringen und das Maismehl in einem dünnen Strahl dazugeben, gut umrühren, damit sich keine Klümpchen bilden. 45 Minuten köcheln lassen, immer wieder umrühren. Zum Schluss Butter und Parmesan dazugeben, gut mischen und heiß servieren.

Teilungsartikel

Die Formen des ***di articolato*** sind die Formen des Teilungsartikels.

Ez.	*del pane*	etwas Brot
Mz.	*dei panini*	Brötchen

Ez.	*del pane*	etwas Brot	unbestimmte Menge eines Begriffs in der Ez.
Mz.	*dei panini*	Brötchen	unbestimmte Menge eines zählbaren Begriffs in der Mz.
	un panino – dei panini	ein Brötchen – mehrere Brötchen	unbestimmter Artikel in der Mehrzahl

Ü 196 Bilde den Teilungsartikel von folgenden Wörtern.

birra della birra: etwas Bier

1. pasta, 2. zucchero, 3. latte, 4. prosciutto, 5. vino, 6. aranciata,

7. amaro, 8. insalata, 9. salame, 10. acqua, 11. spumante, 12. gelato,

13. formaggio, 14. espresso, 15. mortadella, 16. olio, 17. speck

Der unbestimmte Artikel in der Mehrzahl:

un	*ristorante*	*dei*	*ristoranti*
ein	Restaurant		Restaurants

Ü 197 Bilde die Mehrzahl des unbestimmten Artikels und des Substantivs.

1. un ragazzo ____________________ *4. una ragazza* ____________________

2. un'ora ____________________ *5. uno strudel* ____________________

3. un'aranciata ____________________ 6. *un panino* ____________________

Ü 198

Bilde die Mehrzahl des unbestimmten Artikels und des Substantivs.

1. uno studente ______________ *4. un aperitivo* ______________

2. una birra ______________ *5. un gelato* ______________

3. una pizza ______________ *6. un hot dog* ______________

Ab 5 richtigen Lösungen steht dir der nächste km-Stein auf deiner Reise zu.

Ü 199

Übersetze (Teilungsartikel bzw. unbestimmter Artikel in der Mehrzahl).

1. etwas Brot
2. etwas Wasser
3. Äpfel
4. Zitronen
5. Aperitive
6. etwas Zucker
7. etwas Wein

Ü 200

Setze die passende Präposition ein:

***in, a, da, di*?** **Mit oder ohne Artikel?**

1. Prendi 50 grammi ______ zucchero.

2. Andiamo ______ stadio!

3. Vieni ______ macchina o ______ tram?

4. Arrivo ______ 3.

5. Mio cugino abita ______ mia zia.

6. Questa estate restiamo ______ città.

7. Vai ______ Italia? Sì, ______ Roma.

8. ______ sua camera ci sono molte foto.

Ab 6 richtigen Präpositionen bist du der „Eroberer der km-Steine". Gratuliere!

Lennys Brief aus Palermo

Korrigiere ein letztes Mal die von Fulvia unterwellten Fehlerstellen. Damit kannst du fehlende km-Steine ausgleichen oder deinen letzten Ausflug nach „Monreale" eintragen.

Palermo, 19 agosto 1999

Cara mamma,

siamo arrivati. È la fine dal nostro viaggio. È stato un viaggio lunghissimo: da Milano in Palermo in macchina, in estate, con questo caldo. L'anno prossimo andiamo a aereo in Scozia.
Siamo arrivati all'hotel Gattopardo ieri sera a 7. È un bell'hotel e ci sono dei turisti simpatici. Ho dormito tantissimo, dalle 8 alle 8 di stamattina. Anche oggi ho voglia da riposarmi. Ho bisogno di dormire e stare fermo. Vorrei anche andare a mare.
Fulvia oggi non c'è. È andata a una sua cugina siciliana, che l'ha invitata a pranzo. Io ho preferito non andare. Ho comprato dei panini e di prosciutto e una bottiglia di acqua minerale e ho mangiato in camera. Poi sono andato alla piscina dell'albergo. Lì ho conosciuto un ragazzo molto simpatico.
Abbiamo parlato di un po' di tutto: del caldo, dell'Italia, di suoi problemi. In italiano, naturalmente. Siamo in Italia, no?
Alla fine ho capito che quel ragazzo era tedesco, di Berlino!

Ciao, a presto
Lenny

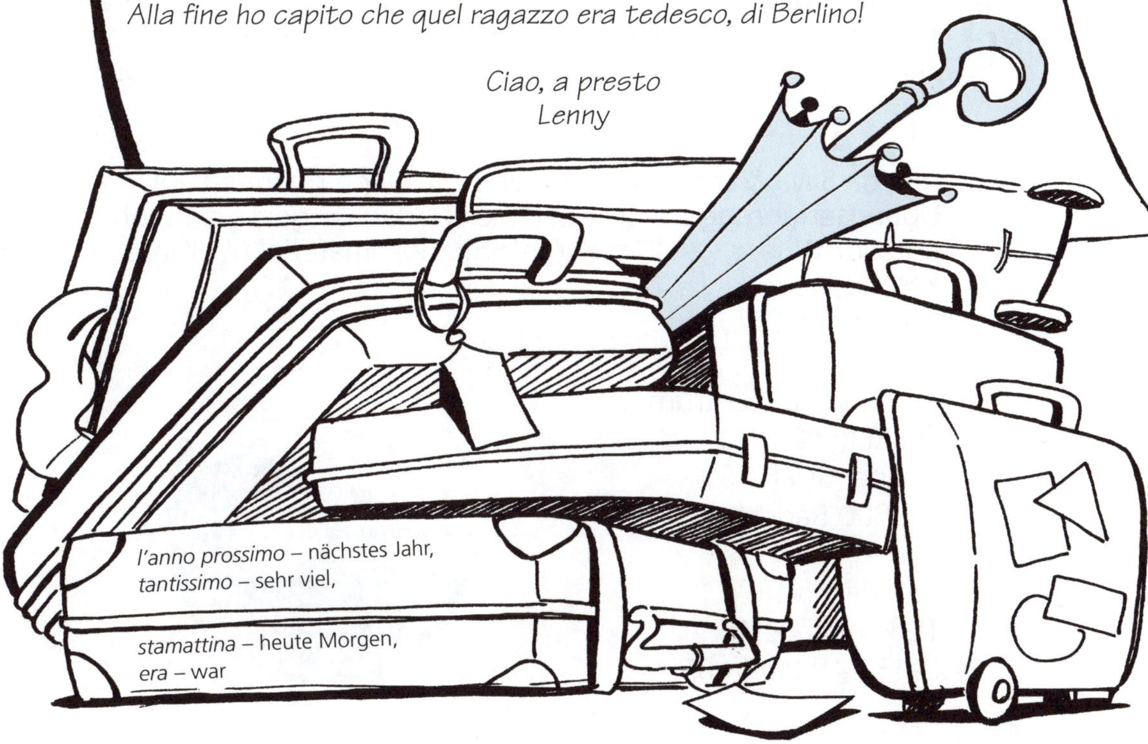

l'anno prossimo – nächstes Jahr,
tantissimo – sehr viel,
stamattina – heute Morgen,
era – war

Die Durchstartübungen

DIE LEHRE Die Übungen beruhen auf der Kinesiologie, der Lehre von der Bewegung. Sie unterstützt alle deine Tätigkeiten – auch dein Lernen. Durch die Anwendung bestimmter Bewegungsmuster kannst du deine Möglichkeiten voll ausschöpfen.

DER AUTOR **Kim da Silva** lebt in Berlin und arbeitet als Kinesiologe. Er studierte Chemie, Physik, Botanik, Mikrobiologie und Lebensmittelchemie. Nach fünf Jahren als Assistent an der Freien Universität Berlin und sechsjähriger Forschungsarbeit in der chemischen Industrie arbeitete er viele Jahre in einem pharmazeutischen Weltkonzern.

In seiner Jugend reiste er viel und erwarb sich sein Wissen um die verschiedenen Philosophien und Heiltraditionen.

In den 70er Jahren lernte Kim da Silva die Kinesiologie kennen. Er war einer der Ersten, die bei Dr. Paul Dennison eine Ausbildung in Edu-Kinestetik erhielten. Heute zählt er zu den wenigen europäischen Ausbildern für Edu-K-Teacher.

Von Kim da Silva sind bereits einige Bücher erschienen.

DIE AUTORIN **Do-Ri Rydl**, geboren 1958, vom Beruf Drogistin, lernt und lehrt seit 1985 mit Kim da Silva. Seit 1988 leitet sie ein Kinesiologie-Zentrum in Baden und die Edu-K-Teacher-Ausbildung für Österreich.

Kim da Silva & Do-Ri Rydl freuen sich, wenn du ihnen von deinen Übungserfahrungen schreibst. Sie werden dir gerne antworten und auf Wunsch auch mehr Informationsmaterial über ihre Arbeit zusenden.
Schreibe an:

Kinesiologie-Zentrum
Do-Ri Rydl
Wiener Straße 80
A-2500 Baden

Kim da Silva
Türkenstraße 15
D-13 349 Berlin 65

EM·K
ETERNAL MOVEMENT
KINESIOLOGIE ZUR SELBSTHEILUNG

VOKABELVERZEICHNIS ITALIENISCH → DEUTSCH

a	zu, nach, in
abbracciare	umarmen
abile	geschickt
abitare	wohnen
accompagnare	begleiten
acqua	Wasser
acqua minerale	Mineralwasser
addormentarsi	einschlafen
adesso	jetzt
aereo	Flugzeug
agosto	August
aiutare	helfen
aiuto	Hilfe
Albania	Albanien
albergo	Hotel
alcolico/a	alkoholhältig
allegro/a	heiter
allenatore	Trainer
allergia	Allergie
allora	also, dann
Alpi f.	Alpen
alto/a	groß gewachsen, hoch
altro/a	anderer, andere
alzarsi	aufstehen
amare	lieben
amaretto	Mandellikör
amaro/a	bitter
Amburgo	Hamburg
America	Amerika
americano/a	amerikanisch
amica	Freundin
amico	Freund
ammirare	bewundern
amore m.	Liebe
analcolico/a	alkoholfrei
anche	auch
ancora	noch
andare	gehen
anello	Ring
anguria	Wassermelone
anno	Jahr
annoiarsi	sich langweilen
annuncio	Anzeige
antipasti m./Mz.	(kalte) Vorspeisen
aperitivo	Aperitiv
aperto/a	offen
appetito	Appetit
aprile	April
aprire	öffnen
arancia	Orange
aranciata	Orangeade
arancione	orange
arrabbiarsi	sich ärgern
arrivare	ankommen
arrivederci	auf Wiedersehen
arrogante	überheblich
arrosto	Braten
ascoltare	(zu)hören
aspar(a)go	Spargel
aspettare	warten
atleta m. + f.	Athlet(in)
attento/a	vorsichtig, aufmerksam
attore	Schauspieler
attrice	Schauspielerin
auguri	Glückwünsche
Austria	Österreich
austriaco/a	österreichisch
autista m.	Chauffeur
auto f.	Auto
autobus m.	Autobus
autunno	Herbst
avanti	vorwärts
avere	haben
avere bisogno di	brauchen
avere voglia di	Lust haben
azzurro	himmelblau
baciare	küssen
bacio	Kuss
bagno	Badezimmer
ballare	tanzen
bambino	Kind
banana	Banane
banca	Bank
bar m.	ital. Kaffeehaus
barba	Bart
barzelletta	Witz
basta	genug
Bavaria	Bayern
belga	belgisch
bello/a	schön
bene	gut (Adverb)
beneducato	wohlerzogen
benvestito	gut gekleidet
bere	trinken
Berlino	Berlin
bianco/a	weiß
bicchiere m.	Trinkglas
bicicletta	Fahrrad
biondo/a	blond
birra	Bier
bistecca	Steak
blu	blau
bolognese	aus Bologna
bottiglia	Flasche
bravo/a	gut, tüchtig
bruno/a	dunkelhaarig
brutto/a	hässlich
bugiardo	Lügner
buono/a	gut
buonanotte	gute Nacht

buonasera	guten Abend
buongiorno	guten Tag
burro	Butter
caffè m.	Kaffee
caffè corretto	mit etwas Kognak
caffè macchiato	mit etwas Milch
caffè ristretto	starker Kaffee
calciatore	Fußballer
caldo/a	warm, heiß
caloria	Kalorie
calorifico/a	kalorienreich
camera	Zimmer
cameriere m.	Kellner
camminare	zu Fuß gehen
campagna	Land (Gegensatz zu Stadt)
camper m.	Wohnmobil
campione m.	Meister
campionessa	Meisterin
cane m.	Hund
cannelloni m./Mz.	gefüllte, überbackene Teigrollen
cantante m. + f.	Sänger
cantare	singen
cantina	Keller
canzone f.	Lied
capelli m.	Haare
capire	verstehen
capitale f.	Hauptstadt
Capodanno	Neujahr
Cappuccetto Rosso	Rotkäppchen
cappuccino	Kaffee mit Milchschaumhaube
capriccioso/a	launisch
caro/a	lieb, teuer
carino/a	süß, lieb
Carinzia	Kärnten
carne f.	Fleisch
carota	Karotte
casa	Haus
cassata siciliana	sizilianisches Eisgericht (Halbgefrorenes)
castello	Burg, Schloss
cattivo/a	schlecht, schlimm
Cechia	Tschechien
cena	Abendessen
cercare	suchen
cetriolino	saure Gurke
che	1. welcher, welche, was? 2. der, die (Relativpronomen 3. dass
chi	wer?
chiamare	rufen
chiamarsi	heißen
chiaro/a	klar
chiedere a	fragen, bitten

chiesa	Kirche
chilo	Kilo
chiudere	schließen
chiuso/a	geschlossen
ciabatta	Hausschuh
ciao	hallo, tschüss
Cina	China
cinema m.	Kino
cinese	chinesisch
cioccolata calda	heiße Schokolade
cioccolatino	Praline
cioccolato	Schokoladentafel
città	Stadt
colazione f.	Frühstück
colore m.	Farbe
come	wie
compito	(Haus)aufgabe
compleanno	Geburtstag
comprare	kaufen
con	mit
concerto	Konzert
conoscere	kennen (lernen)
conte m.	Graf
coprire	bedecken
cornetto	Hörnchen, Kipferl
correre	laufen
corretto/a	verbessert
cosa	Sache
cotto/a	gekocht
cravatta	Krawatte
credere a	glauben
crema	Creme
crescere	wachsen
Croazia	Kroatien
croce f.	Kreuz
crudo/a	roh
c'è	es gibt, er/sie/es ist da
cucchiaino	Teelöffel
cucina	Küche
cugina	Kusine
cugino	Kusin
cura	Sorgfalt
da	von, bei, zu
dare a	geben
decidere	beschließen
dente m.	Zahn
dentista m. + f.	Zahnarzt
dentro	drinnen
desiderare	wünschen
destra	rechts
di	von
dicembre	Dezember
dichiarazione f. d'amore	Liebeserklärung
difficile	schwierig
dimenticare	vergessen
dire a	sagen
diretto/a	direkt
discoteca	Diskothek

discutere	diskutieren
divertirsi	sich amüsieren
doccia	Dusche
dolce	süß
domanda	Frage
domandare a	fragen
domani	morgen
domenica	Sonntag
donna	Frau
dopo	dann, nach
dormire	schlafen
dottore m.	Arzt, Doktor
dove	wo
dovere	müssen
duomo	Dom
durare	dauern
e	und
ecco	sieh da, hier ist
Egitto	Ägypten
elegante	elegant
entrare	eintreten
esame m.	Prüfung
esatto/a	genau
esercitare	üben
essere	sein
estate f.	Sommer
estroverso/a	extrovertiert
fa	nach einer Zeitangabe: vor
fame f.	Hunger
famiglia	Familie
famoso/a	berühmt
fantasma m.	Gespenst
fare	machen
fare schifo	Ekel erregen
fare la spesa	einkaufen
farina	Mehl
farmacista	Apotheker
febbraio	Februar
febbre f.	Fieber
fedele	treu
felice	glücklich
fermo/a	fest, ruhig
festa	Fest
fidanzarsi	sich verloben
figlia	Tochter
figlio	Sohn
figurati	stell dir vor
film m.	Film
finalmente	endlich
fine f.	Ende
finire	(be)enden
fiore m.	Blume
Firenze	Florenz
formaggio	Käse
forse	vielleicht
forte	stark
fortuna	Glück
foto f.	Foto
fragola	Erdbeere
francese	französisch
Francia	Frankreich
francobollo	Briefmarke
fratello	Bruder
freddo/a	kalt
fretta	Eile
fritto/a	in Fett gebacken
frizzante	prickelnd
fungo	Pilz
gamberetto	Garnele
gara	Wettkampf
gatto	Katze
gelato	Eiscreme
geloso/a	eifersüchtig
genitori m./Mz.	Eltern
gennaio	Jänner
gentile	freundlich
Germania	Deutschland
ghiaccio	Eis(würfel)
già	schon
giallo/a	gelb
giardino	Garten
giocare	spielen
Giordania	Jordanien
giornale m.	Zeitung
giorno	Tag
giovane	jung
giro	Runde, Rundfahrt
giugno	Juni
giungla	Dschungel
gnocchi m./Mz.	Nocken
gondola	Gondel
gorgonzola	ital. Schimmelkäse
grammo	Gramm
grande	groß
grasso/a	dick
grazie	danke
Grecia	Griechenland
greco/a	griechisch
guardare	schauen
guardare la TV	fernsehen
guidare	lenken, Auto fahren
gusto	Geschmack
ideale	ideal
ieri	gestern
importante	wichtig
imprestare a	borgen
improvvisamente	plötzlich
in	in, nach
incassi m./Mz.	Einnahmen
incontrare	treffen
incredibile	unglaublich
India	Indien
infinito/a	unendlich
Inghilterra	England
inglese	englisch
innamorarsi	sich verlieben

insalata	Salat
insegnante m. + f.	Lehrer/in
insieme	zusammen
intellettuale	intellektuell
intelligente	intelligent
interessante	interessant
interessare a	interessieren
inverno	Winter
io	ich
Italia	Italien
italiano/a	italienisch
jugoslavo/a	jugoslawisch
l'altroieri	vorgestern
lampone m.	Himbeere
lasagne	ital. Vorspeise aus Nudelteigplatten, Fleischsauce und Béchamelsauce
latte m.	Milch
lavarsi	sich waschen
lavorare	arbeiten
leggere	lesen
lei	sie (Ez.)
lento/a	langsam
leone m.	Löwe
lettera	Brief
letto	Bett
lezione f.	Lektion
lì	dort
libro	Buch
liceo	Gymnasium (Oberstufe)
limone m.	Zitrone
lingua	Zunge, Sprache
lire f./Mz.	ital. Währung
Lisbona	Lissabon
liscio/a	glatt
litro	Liter
Lombardia	Lombardei
Londra	London
loro	sie (Mz.)
luglio	Juli
lui	er
luna	Mond
lungo/a	lang
ma	aber
ma dai	aber geh
maccheroni m./Mz.	Makkaroni
macchina	Auto
madre	Mutter
maestro	Lehrer
maggio	Mai
maggiore	größer
magro/a	dünn
mai	nie
maiale m.	Schwein
malato/a	krank
male	schlecht (Adv.)
mal di testa	Kopfweh
mamma	Mama
mammifero	Säugetier
mangiare	essen
mano f.	Hand
mare m.	Meer
marito	Ehemann
marmellata	Marmelade
marrone	braun
marzo	März
mascarpone m.	weicher, weißer Käse (z. B. für Tiramisu)
mattino	Morgen, Vormittag
mazzo	Bund
medico	Arzt
mela	Apfel
melanzana	Aubergine
melone m.	Melone
meno	weniger
mese m.	Monat
mettere	legen, setzen, stellen
mezzanotte	Mitternacht
mi dispiace	es tut mir Leid
mi raccomando	ich bitte dringend
mio/a	mein, meine
miele m.	Honig
migliore	besser
mille	tausend
minuto	Minute
misto/a	gemischt
moglie	Ehefrau
molti/e	viele
molto	sehr
mondo	Welt
monotono/a	eintönig
montagna	Gebirge, Berg
monte m.	Berg
monumento	Denkmal, Sehenswürdigkeit
morire	sterben
morto/a	tot
Mosca	Moskau
mostra	Ausstellung
moto f.	Motorrad
mozzarella	Büffelkäse in Salzlake
museo	Museum
musica	Musik
muto/a	stumm
nano	Zwerg
Napoli	Neapel
nascere	geboren werden
nato/a	geboren
Natale m.	Weihnachten
naturale	natürlich
nero/a	schwarz

nessuno	niemand
neve f.	Schnee
niente	nichts
no	nein
noi	wir
noioso/a	langweilig
nominato/a	genannt
non	nicht
nonna	Großmutter
nonno	Großvater
nostro/a	unser, unsere
notte f.	Nacht
novembre	November
nuotare	schwimmen
nuovo/a	neu
occhio	Auge
occuparsi di	sich beschäftigen mit
offrire a	anbieten
oggi	heute
Olanda	Holland
olandese	holländisch
olio	Öl
oliva	Olive
opera	Oper
ora	Stunde
oro	Gold
ottobre	Oktober
padre m.	Vater
paese m.	Land
pagare	zahlen
palazzo	Palast
pancia	Bauch
pane m.	Brot
panettiere	Bäcker
panettone m.	kuppelförmiger Weihnachts-kuchen
panino	Sandwich
papà m.	Papa
papa	Papst
parente m.	Verwandter
Parigi	Paris
parlare	sprechen
particolare	besonders
partire	abreisen
Pasqua	Ostern
passeggiata	Spaziergang
pasta	Teig(waren)
pasticcio	Pastete, wirre Geschichte
patata	Kartoffel
patatine fritte	Pommes frites
paura	Angst
paziente	geduldig
pazienza!	kann man nichts machen!
peccato!	schade
pedaggio	Maut

peggiore	schlechter
penne	Federn, Nudelform
pensare	denken
pensione f.	Pension
per	für
per favore	bitte!
pera	Birne
perché	warum?, weil
perfetto/a	perfekt
pero	Birnbaum
persona	Person
pesca	Pfirsich
pesce m.	Fisch
pettinarsi	sich frisieren
pettinatrice	Friseurin
piacere a	gefallen, schmecken
piano	leise (Adverb)
piatto	Gericht, Teller
piazza	(Stadt)platz
piccolo/a	klein
Piemonte	Piemont
pigiama m.	Pyjama
piovere	regnen
piscina	Schwimmbad
pizzetta	kleine, runde Pizza
poco	wenig
poi	dann
polenta	Maismehlbrei
pollo	Huhn
pomodoro	Tomate
ponte m.	Brücke
portare	tragen, bringen
Portogallo	Portugal
possibile	möglich
pranzo	Mittagessen
preferire	bevorzugen
pregare	bitten, beten
premio	Preis
prendere	nehmen
presentare	vorstellen
presentatrice	Fernsehmoderato-rin
presto	früh, schnell
prezioso/a	wertvoll
primo/a	erster, erste
primavera	Frühling
principe m.	Prinz
probabile	wahrscheinlich
problema m.	Problem
professore m.	Professor
pronto/a	bereit
proprio	gerade, wirklich
prosciutto	Schinken
prosecco	ital. Perlwein
pulirsi i denti	sich die Zähne putzen
purea	Püree
purtroppo	leider

qua	hier
quadro	Gemälde
qualcosa	etwas
qualcuno	jemand
quale	welcher, welche, welches?
quando	wann
quanti/e	wie viele
quarto/a	vierter, vierte
quello/a	jener, jene; der, die da (dort)
questo/a	dieser, diese
qui	hier
quinto/a	fünfter, fünfte
raccontare	erzählen
radio f.	Radio
ragazza	Mädchen, junge Frau
ragazzo	Teenager, junger Mann
rapido/a	schnell
ravioli m.	gefüllte Teigta-schen
re m.	König
realtà	Wirklichkeit
regalare	schenken
regalo	Geschenk
regina	Königin
restare	bleiben
ricco/a	reich
riconoscere	wiedererkennnen
ridere	lachen
ringraziare	danken
ripetere	wiederholen
riposarsi	sich ausruhen
risotto	Reisgericht
ristorante m.	Restaurant
ritardo	Verspätung
romano/a	römisch
romantico/a	romantisch
rosso/a	rot
rumore m.	Lärm, Geräusch
rumoroso/a	laut
russo/a	russisch
sabbia	Sand
sacco	Sack
salame m.	Wurst
saldi m./Mz.	Abverkauf
sale m.	Salz
Salisburgo	Salzburg
salsa	Soße
salutare	grüßen
santo/a	heilig
sapere	wissen
scarpa	Schuh
scatola	Schachtel
scegliere	(aus)wählen
scendere	hinuntergehen, aussteigen
schiavo	Sklave
scherzo	Scherz
schiuma	Schaum
sciare	Schi fahren
sciatrice f.	Schifahrerin
sciopero	Streik
sciroppo	Sirup
sconto	Preisnachlass
scooter	Motorroller
scorso/a	vergangen
Scozia	Schottland
scrittore m.	Schriftsteller
scrivere	schreiben
scuola	Schule
scuola elementare	Volksschule
se	wenn, falls
secondo/a	zweiter, zweite
sedersi	sich setzen
sembrare	scheinen
sempre	immer
sensibile	einfühlsam
sentire	hören, fühlen
sera	Abend
serio/a	ernst
serpente m.	Schlange
servire	(be)dienen
sete f.	Durst
sette	sieben
settembre	September
settimana	Woche
si	sich
sì	ja
siciliano/a	sizilianisch
signora	Dame, gnädige Frau (Anrede)
signore	Herr (als Anrede: *signor*)
signorina	Fräulein (auch Anrede)
simpatico/a	sympathisch
sincero/a	ehrlich
sinistra	links
snello/a	schlank
soggiorno	Wohnzimmer
soldi m.	Geld
sole m.	Sonne
solo/a	allein
soluzione f.	Lösung
sorella	Schwester
spagnolo/a	spanisch
speciale	besonders
spedire	abschicken
spendere	ausgeben
spirito	Geist
sportivo/a	sportlich
sposarsi	heiraten
spremuta	frisch gepresster Obstsaft
spumante m.	Sekt

stadio	Stadion, Stadium
stamattina	heute Morgen
stanco/a	müde
stanza	Zimmer
stare	bleiben
stasera	heute Abend
stazione f.	Bahnhof
stivale m.	Stiefel
storia	Geschichte
strada	Straße
strano/a	seltsam
studente m.	Student
studiare	studieren, lernen
stupidaggini f.	Blödheiten
subito	gleich
succedere	passieren
succo	Saft
sugo	Soße
svedese	schwedisch
svegliarsi	aufwachen
Svezia	Schweden
Svizzera	Schweiz
svizzero/a	schweizerisch
tabaccaio	Tabakwarenverkäufer
tagliatelle	Bandnudeln
tanti/e	viele
tanto	viel
tappa	Etappe
tardi	spät
tassì m.	Taxi
tavola	Tisch
tè	Tee
teatro	Theater
tedesco/a	deutsch
telefonare a	telefonieren
telegramma m.	Telegramm
tempo	Zeit, Wetter
temporale m.	Gewitter
tenero/a	zart, zärtlich
tenore m.	Tenor
terzo/a	dritter, dritte
testa	Kopf
timido/a	schüchtern
tiramisù	Dessert aus Mascarpone und Biskotten
tonno	Thunfisch
tornare	zurückkehren
torre f.	Turm
torta	Torte
tortellini	gefüllte Teigpäckchen

tram m.	Straßenbahn
tranquillo/a	ruhig
trattoria	Gasthaus
treno	Zug
troppo	zu (viel)
trovare	finden
truccarsi	sich schminken
tu	du
tuo/a	dein, deine
turco/a	türkisch
turista m. + f.	Tourist
tutti/e	alle
tutto	alles
TV (tivù) f.	Fernsehen
uccidere	töten
ufficio	Büro
ultimo/a	letzter, letzte
un po'	ein bisschen
uomo	Mann
uscire	(hin)ausgehen
vacanza	Urlaub
valigia	Koffer
veloce	schnell
vedere	sehen
vendere	verkaufen
Venezia	Venedig
venire	kommen
vero/a	wirklich, echt
verde	grün
vestirsi	sich anziehen
vestito	Kleid, Anzug
viaggio	Reise
Vienna	Wien
viennese	wienerisch
vincere	siegen
vino	Wein
visitare	besuchen
vita	Leben
vivere	leben
voce f.	Stimme
voi	ihr
volentieri	gern
volere	wollen
volta	Mal
vongola	Muschel
vorrei	ich möchte
vostro/a	euer, eure
zia	Tante
zio	Onkel
zitto/a	still
zoo	Zoo
zucchero	Zucker

VOKABELVERZEICHNIS DEUTSCH → ITALIENISCH

Abend	*sera*
Abendessen	*cena*
aber	*ma*
aber geh	*ma dai*
abreisen	*partire*
abschicken	*spedire*
Abverkauf	*saldi m./Mz.*
Ägypten	*Egitto*
Albanien	*Albania*
alkoholfrei	*analcolico/a*
alkoholhältig	*alcolico/a*
alle	*tutti/e*
allein	*solo/a*
Allergie	*allergia*
alles	*tutto*
Alpen	*Alpi f.*
also, dann	*allora*
Amerika	*America*
amerikanisch	*americano/a*
anbieten	*offrire a*
anderer, andere	*altro/a*
Angst	*paura*
ankommen	*arrivare*
anrufen	*telefonare a*
Anzeige	*annuncio*
Anzug	*vestito*
Aperitiv	*aperitivo*
Apfel	*mela*
Apotheker	*farmacista*
Appetit	*appetito*
April	*aprile*
arbeiten	*lavorare*
Arzt	*medico*
Arzt, Doktor	*dottore m.*
Athlet(in)	*atleta m. + f.*
Aubergine	*melanzana*
auch	*anche*
auf Wiedersehen	*arrivederci*
aufstehen	*alzarsi*
aufwachen	*svegliarsi*
Auge	*occhio*
August	*agosto*
ausgeben	*spendere*
ausgehen	*uscire*
Ausstellung	*mostra*
auswählen	*scegliere*
Auto	*auto f., macchina*
Auto fahren, lenken	*guidare*
Autobus	*autobus m.*
Bäcker	*panettiere*
Badezimmer	*bagno*
Bahnhof	*stazione f.*
Banane	*banana*
Bank	*banca*
Bart	*barba*
Bauch	*pancia*
Bayern	*Bavaria*
bedecken	*coprire*
bedienen	*servire*
beenden	*finire*
begleiten	*accompagnare*
belgisch	*belga*
bereit	*pronto/a*
Berg	*monte m.*
Berlin	*Berlino*
berühmt	*famoso/a*
beschließen	*decidere*
besonders	*particolare, speciale*
besser	*migliore*
besuchen	*visitare*
Bett	*letto*
bevorzugen	*preferire*
bewundern	*ammirare*
Bier	*birra*
Birnbaum	*pero*
Birne	*pera*
bitte!	*per favore*
bitten, beten	*pregare*
bitter	*amaro/a*
blau	*blu*
bleiben	*stare, restare*
Blödheiten	*stupidaggini f.*
blond	*biondo/a*
Blume	*fiore m.*
borgen	*imprestare a*
Braten	*arrosto*
brauchen	*avere bisogno di*
braun	*marrone*
Brief	*lettera*
Briefmarke	*francobollo*
Brot	*pane m.*
Brücke	*ponte m.*
Bruder	*fratello*
Buch	*libro*
Bund	*mazzo*
Burg, Schloss	*castello*
Büro	*ufficio*
Butter	*burro*
Chauffeur	*autista m.*
China	*Cina*
chinesisch	*cinese*
Creme	*crema*
Dame, gnädige Frau (Anrede)	*signora*
danke	*grazie*
danken	*ringraziare*
dann	*dopo, poi*
dass	*che*
dauern	*durare*
dein, deine	*tuo/a*
denken	*pensare*

Denkmal, Sehenswürdigkeit	*monumento*
deutsch	*tedesco/a*
Deutschland	*Germania*
Dezember	*dicembre*
dick	*grasso/a*
dienen	*servire*
dieser, diese	*questo/a*
direkt	*diretto/a*
Diskothek	*discoteca*
diskutieren	*discutere*
Dom	*duomo*
dort	*lì*
drinnen	*dentro*
dritter, dritte	*terzo/a*
Dschungel	*giungla*
du	*tu*
dunkelhaarig	*bruno/a*
dünn	*magro/a*
Durst	*sete f.*
Dusche	*doccia*
Ehefrau	*moglie*
Ehemann	*marito*
ehrlich	*sincero/a*
eifersüchtig	*geloso/a*
Eile	*fretta*
ein bisschen	*un po'*
einfühlsam	*sensibile*
einkaufen	*fare la spesa*
Einnahmen	*incassi m./Mz.*
einschlafen	*addormentarsi*
eintönig	*monotono/a*
eintreten	*entrare*
Eis(würfel)	*ghiaccio*
Eiscreme	*gelato*
Ekel erregen	*fare schifo*
elegant	*elegante*
Eltern	*genitori m./Mz.*
Ende	*fine f.*
enden	*finire*
endlich	*finalmente*
England	*Inghilterra*
englisch	*inglese*
er	*lui*
Erdbeere	*fragola*
ernst	*serio/a*
erster, erste	*primo/a*
erzählen	*raccontare*
es gibt, er/sie/es ist da	*c'è*
es tut mir Leid	*mi dispiace*
essen	*mangiare*
Etappe	*tappa*
etwas	*qualcosa*
euer, eure	*vostro/a*
extrovertiert	*estroverso/a*
Fahrrad	*bicicletta*
Familie	*famiglia*
Farbe	*colore* m.
Februar	*febbraio*
fernsehen	*guardare la TV (tivù)*
Fernsehmoderatorin	*presentatrice*
Fest	*festa*
fest, ruhig	*fermo/a*
Fieber	*febbre f.*
Film	*film m.*
finden	*trovare*
Fisch	*pesce m.*
Flasche	*bottiglia*
Fleisch	*carne f.*
Florenz	*Firenze*
Flugzeug	*aereo*
Foto	*foto f.*
Frage	*domanda*
fragen	*domandare a*
fragen, bitten	*chiedere a*
Frankreich	*Francia*
französisch	*francese*
Frau	*donna*
Frau (Anrede), Dame	*signora*
Fräulein (auch Anrede)	*signorina*
Freund	*amico*
Freundin	*amica*
freundlich	*gentile*
frisch gepresster Obstsaft	*spremuta*
Friseurin	*pettinatrice*
früh, schnell	*presto*
Frühling	*primavera*
Frühstück	*colazione f.*
fünfter, fünfte	*quinto/a*
für	*per*
Fußballer	*calciatore*
Garnele	*gamberetto*
Garten	*giardino*
Gasthaus	*trattoria*
geben	*dare a*
Gebirge, Berg	*montagna*
geboren	*nato/a*
geboren werden	*nascere*
Geburtstag	*compleanno*
geduldig	*paziente*
gefallen, schmecken	*piacere a*
gehen	*andare*
Geist	*spirito*
gekocht	*cotto/a*
gelb	*giallo/a*
Geld	*soldi m.*
Gemälde	*quadro*
gemischt	*misto/a*
genannt	*nominato/a*
genau	*esatto/a*
genug!	*basta*
gerade, wirklich	*proprio*
Gericht, Teller	*piatto*
gern	*volentieri*
Geschenk	*regalo*
Geschichte	*storia*
geschickt	*abile*
geschlossen	*chiuso/a*

Geschmack	*gusto*
Gespenst	*fantasma m.*
gestern	*ieri*
Gewitter	*temporale m.*
glatt	*liscio/a*
glauben	*credere a*
gleich	*subito*
Glück	*fortuna*
glücklich	*felice*
Glückwünsche	*auguri*
Gold	*oro*
Gondel	*gondola*
Graf	*conte m.*
Gramm	*grammo*
Griechenland	*Grecia*
griechisch	*greco/a*
groß	*grande*
größer	*maggiore*
groß gewachsen, hoch	*alto/a*
Großmutter	*nonna*
Großvater	*nonno*
grün	*verde*
grüßen	*salutare*
gut	*buono/a*
gut (Adverb)	*bene*
gut, tüchtig	*bravo/a*
gute Nacht	*buonanotte*
guten Abend	*buonasera*
guten Tag	*buongiorno*
gut gekleidet	*benvestito*
Gymnasium (Oberstufe)	*liceo*
Haare	*capelli m.*
haben	*avere*
hallo	*ciao*
Hamburg	*Amburgo*
Hand	*mano f.*
hässlich	*brutto/a*
Hauptstadt	*capitale f.*
Haus	*casa*
Hausaufgabe	*compito*
Hausschuh	*ciabatta*
heilig	*santo/a*
heiraten	*sposarsi*
heiße Schokolade	*cioccolata calda*
heißen	*chiamarsi*
heiter	*allegro/a*
helfen	*aiutare*
Herbst	*autunno*
Herr	*signore*
heute	*oggi*
heute Abend	*stasera*
heute Morgen	*stamattina*
hier	*qua, qui*
Hilfe	*aiuto*
Himbeere	*lampone m.*
himmelblau	*azzurro/a*
hinausgehen	*uscire*
hinuntergehen, aussteigen	*scendere*

Holland	*Olanda*
holländisch	*olandese*
Honig	*miele m.*
hören, fühlen	*sentire*
Hörnchen, Kipferl	*cornetto*
Hotel	*albergo, hotel*
Huhn	*pollo*
Hund	*cane m.*
Hunger	*fame f.*
ich	*io*
ich bitte dringend	*mi raccomando*
ich möchte	*vorrei*
ideal	*ideale*
ihr	*voi*
immer	*sempre*
in, nach	*in*
Indien	*India*
intellektuell	*intellettuale*
intelligent	*intelligente*
interessant	*interessante*
interessieren	*interessare a*
ja	*sì*
Italien	*Italia*
italienisch	*italiano/a*
Jahr	*anno*
Jänner	*gennaio*
jemand	*qualcuno*
jener, jene	*quello/a*
jetzt	*adesso*
Jordanien	*Giordania*
jugoslawisch	*jugoslavo/a*
Juli	*luglio*
jung	*giovane*
Juni	*giugno*
Kaffee	*caffè m.*
Kaffeehaus (ital.)	*bar m.*
Kalorie	*caloria*
kalorienreich	*calorifico/a*
kalt	*freddo/a*
kann man nichts machen!	*pazienza!*
Kärnten	*Carinzia*
Karotte	*carota*
Kartoffel	*patata*
Käse	*formaggio*
Katze	*gatto*
kaufen	*comprare*
Keller	*cantina*
Kellner	*cameriere m.*
kennen (lernen)	*conoscere*
Kilo	*chilo*
Kind	*bambino*
Kino	*cinema m.*
Kirche	*chiesa*
klar	*chiaro/a*
Kleid	*vestito*
klein	*piccolo/a*
Koffer	*valigia*
kommen	*venire*
König	*re m.*

Königin	*regina*	März	*marzo*
können	*potere*	Maut	*pedaggio*
Konzert	*concerto*	Meer	*mare m.*
Kopf	*testa*	Mehl	*farina*
Kopfweh	*mal di testa*	mein, meine	*mio/a*
krank	*malato/a*	Meister	*campione m.*
Krawatte	*cravatta*	Meisterin	*campionessa*
Kreuz	*croce f.*	Melone	*melone m.*
Kroatien	*Croazia*	Milch	*latte m.*
Küche	*cucina*	Mineralwasser	*acqua minerale*
Kusin	*cugino*	Minute	*minuto*
Kusine	*cugina*	mir, mich	*mi, me*
Kuss	*bacio*	mit	*con*
küssen	*baciare*	Mittagessen	*pranzo*
lachen	*ridere*	Mitternacht	*mezzanotte*
Land	*paese m.*	möglich	*possibile*
Land (Gegensatz zu Stadt)	*campagna*	Monat	*mese m.*
lang	*lungo/a*	Mond	*luna*
langsam	*lento/a*	morgen	*domani*
langweilig	*noioso/a*	Morgen, Vormittag	*mattino*
Lärm, Geräusch	*rumore* m.	Moskau	Mosca
laufen	*correre*	Motorrad	*moto f.*
launisch	*capriccioso/a*	Motorroller	*scooter*
laut	*rumoroso/a*	müde	*stanco/a*
Leben	*vita*	Muschel	*vongola*
leben	*vivere*	Museum	*museo*
legen, setzen, stellen	*mettere*	Musik	*musica*
Lehrer/in	*insegnante m. + f.*	müssen	*dovere*
leider	*purtroppo*	Mutter	*madre*
leise (Adverb)	*piano*	nach	*dopo*
Lektion	*lezione f.*	Nacht	*notte f.*
lesen	*leggere*	natürlich	*naturale*
letzter, letzte	*ultimo/a*	Neapel	*Napoli*
lieb, teuer	*caro/a*	nehmen	*prendere*
Liebe	*amore m.*	nein	*no*
lieben	*amare*	neu	*nuovo/a*
Liebeserklärung	*dichiarazione d'amore*	Neujahr	*Capodanno*
		nicht	*non*
		nichts	*niente*
Lied	*canzone f.*	nie	*mai*
links	*sinistra*	niemand	*nessuno*
Lissabon	*Lisbona*	noch	*ancora*
Liter	*litro*	Nocken	*gnocchi m./Mz.*
Lombardei	*Lombardia*	November	*novembre*
London	*Londra*	offen	*aperto/a*
Lösung	*soluzione f.*	öffnen	*aprire*
Löwe	*leone m.*	Oktober	*ottobre*
Lügner	*bugiardo*	Öl	*olio*
Lust haben auf	*avere voglia di*	Olive	*oliva*
machen	*fare*	Onkel	*zio*
Mädchen, junge Frau	*ragazza*	Oper	*opera*
Mai	*maggio*	Orange	*arancia*
Maismehlbrei	*polenta*	orange	*arancione*
Makkaroni	*maccheroni m./Mz.*	Orangeade	*aranciata*
Mal	*volta*	Ostern	*Pasqua*
Mama	*mamma*	Österreich	*Austria*
Mandellikör	*amaretto*	österreichisch	*austriaco/a*
Mann	*uomo*	Papa	*papà m.*
Marmelade	*marmellata*	Papst	*papa*

Paris	*Parigi*
passieren	*succedere*
Pension	*pensione f.*
perfekt	*perfetto/a*
Person	*persona*
Pfirsich	*pesca*
Piemont	*Piemonte*
Pilz	*fungo*
Platz (in einer Ortschaft)	*piazza*
plötzlich	*improvvisamente*
Pommes frites	*patatine fritte*
Portugal	*Portogallo*
Praline	*cioccolatino*
Preis, Prämie	*premio*
Preisnachlass	*sconto*
prickelnd	*frizzante*
Prinz	*principe m.*
Problem	*problema m.*
Professor	*professore m.*
Prüfung	*esame m.*
Püree	*purea*
Pyjama	*pigiama m.*
Radio	*radio f.*
rechts	*destra*
regnen	*piovere*
reich	*ricco/a*
Reise	*viaggio*
Restaurant	*ristorante m.*
Ring	*anello*
roh	*crudo/a*
romantisch	*romantico/a*
römisch	*romano/a*
Rose	*rosa*
rot	*rosso/a*
Rotkäppchen	*Cappuccetto Rosso*
rufen	*chiamare*
ruhig	*tranquillo/a*
Runde, Rundfahrt	*giro*
russisch	*russo/a*
Sache	*cosa*
Sack	*sacco*
Saft	*succo*
sagen	*dire a*
Salat	*insalata*
Salz	*sale m.*
Salzburg	*Salisburgo*
Sand	*sabbia*
Sandwich	*panino*
Sänger	*cantante m. + f.*
Säugetier	*mammifero*
Schachtel	*scatola*
schade	*peccato!*
schauen	*guardare*
Schaum	*schiuma*
Schauspieler	*attore*
Schauspielerin	*attrice*
scheinen	*sembrare*
schenken	*regalare a*
Scherz	*scherzo*
Schi fahren	*sciare*
Schifahrerin	*sciatrice f.*
Schinken	*prosciutto*
schlafen	*dormire*
Schlange	*serpente m.*
schlank	*snello/a*
schlecht (Adv.)	*male*
schlecht, schlimm	*cattivo/a*
schlechter	*peggiore*
schließen	*chiudere*
Schnee	*neve f.*
schnell	*rapido/a, veloce*
Schokoladentafel	*cioccolato*
schon	*già*
schön	*bello/a*
Schottland	*Scozia*
schreiben	*scrivere*
Schriftsteller	*scrittore m.*
schüchtern	*timido/a*
Schuh	*scarpa*
Schule	*scuola*
schwarz	*nero/a*
Schweden	*Svezia*
schwedisch	*svedese*
Schwein	*maiale m.*
Schweiz	*Svizzera*
schweizerisch	*svizzero/a*
Schwester	*sorella*
schwierig	*difficile*
Schwimmbad	*piscina*
schwimmen	*nuotare*
sehen	*vedere*
sehr	*molto*
sein	*essere*
Sekt	*spumante m.*
seltsam	*strano/a*
September	*settembre*
sich	*si*
sich amüsieren	*divertirsi*
sich anziehen	*vestirsi*
sich ärgern	*arrabbiarsi*
sich ausruhen	*riposarsi*
sich beschäftigen mit	*occuparsi di*
sich die Zähne putzen	*pulirsi i denti*
sich frisieren	*pettinarsi*
sich langweilen	*annoiarsi*
sich schminken	*truccarsi*
sich setzen	*sedersi*
sich verlieben	*innamorarsi*
sich verloben	*fidanzarsi*
sich waschen	*lavarsi*
sie (Ez.)	*lei*
sie (Mz.)	*loro*
siegen	*vincere*
sieh da, hier ist	*ecco*
singen	*cantare*
Sirup	*sciroppo*
sizilianisch	*siciliano/a*

Sklave	*schiavo*
Sohn	*figlio*
Sommer	*estate f.*
Sonne	*sole m.*
Sonntag	*domenica*
Sorgfalt	*cura*
Soße	*salsa, sugo*
spanisch	*spagnolo/a*
Spargel	*aspar(a)go*
spät	*tardi*
Spaziergang	*passeggiata*
spielen	*giocare*
sportlich	*sportivo/a*
sprechen	*parlare*
Stadion, Stadium	*stadio*
Stadt	*città*
stark	*forte*
stell dir vor	*figurati*
sterben	*morire*
Stiefel	*stivale m.*
still	*zitto/a*
Stimme	*voce f.*
Straße	*strada*
Straßenbahn	*tram m.*
Streik	*sciopero*
Student	*studente m.*
studieren, lernen	*studiare*
stumm	*muto/a*
Stunde	*ora*
suchen	*cercare*
süß	*dolce*
süß, lieb	*carino/a*
sympathisch	*simpatico/a*
Tabakwarenverkäufer	*tabaccaio*
Tag	*giorno*
Tante	*zia*
tanzen	*ballare*
tausend	*mille*
Taxi	*tassì m.*
Tee	*tè*
Teelöffel	*cucchiaino*
Teenager, junger Mann	*ragazzo*
Teigrollen (gefüllt, überbacken)	*canneloni m./Mz.*
Teigtaschen (gefüllt)	*ravioli m.*
Telegramm	*telegramma m.*
telefonieren	*telefonare a*
Tenor	*tenore m.*
Theater	*teatro*
Thunfisch	*tonno*
Tisch	*tavola*
Tochter	*figlia*
Tomate	*pomodoro*
Torte	*torta*
tot	*morto/a*
töten	*uccidere*
Tourist	*turista m. + f.*
tragen, bringen	*portare*
Trainer	*allenatore*
treffen	*incontrare*
treu	*fedele*
trinken	*bere*
Trinkglas	*bicchiere m.*
Tschechien	*Cechia*
tschüss	*ciao*
türkisch	*turco/a*
Turm	*torre f.*
üben	*esercitare*
überheblich	*arrogante*
umarmen	*abbracciare*
und	*e*
unendlich	*infinito/a*
unglaublich	*incredibile*
unser, unsere	*nostro/a*
Urlaub	*vacanza*
Vater	*padre m.*
Venedig	*Venezia*
verbessert	*corretto/a*
vergangen	*scorso/a*
vergessen	*dimenticare*
verkaufen	*vendere*
Verspätung	*ritardo*
verstehen	*capire*
Verwandter	*parente m.*
viel	*tanto*
viele	*molti/e, tanti/e*
vielleicht	*forse*
vierter, vierte	*quarto/a*
Volksschule	*scuola elementare*
Volksschullehrer	*maestro*
von	*di*
von, bei, zu	*da*
vor (zeitl.)	*fa*
vorgestern	*l'altroieri*
vorsichtig, aufmerksam	*attento/a*
Vorspeisen (kalte)	*antipasti m./Mz.*
vorstellen	*presentare*
vorwärts	*avanti*
wachsen	*crescere*
wahrscheinlich	*probabile*
wann	*quando*
warm, heiß	*caldo/a*
warten	*aspettare*
warum, weil	*perché*
was; welcher, welche, welches?	*che*
Wasser	*acqua*
Wassermelone	*anguria*
Weihnachten	*Natale m.*
Wein	*vino*
weiß	*bianco/a*
welcher, welche, welches?	*quale, che*
Welt	*mondo*
wenig	*poco*
weniger	*meno*
wenn, falls	*se*
wer?	*chi*
wertvoll	*prezioso/a*

Wetter	*tempo*
Wettkampf	*gara*
wichtig	*importante*
wie	*come*
wiedererkennnen	*riconoscere*
wiederholen	*ripetere*
Wien	*Vienna*
wienerisch	*viennese*
wie viele	*quanti/e*
Winter	*inverno*
wir	*noi*
wirklich, echt	*vero/a*
Wirklichkeit	*realtà*
wissen	*sapere*
Witz	*barzelletta*
wo	*dove*
Woche	*settimana*
wohlerzogen	*beneducato*
wohnen	*abitare*
Wohnmobil	*camper m.*
Wohnzimmer	*soggiorno*
wollen	*volere*
wünschen	*desiderare*
Wurst	*salame m.*
zahlen	*pagare*
Zahn	*dente m.*
Zahnarzt	*dentista m. + f.*
zart, zärtlich	*tenero/a*
Zeit	*tempo*
Zeitung	*giornale m.*
Zimmer	*camera, stanza*
Zitrone	*limone m.*
Zoo	*zoo*
zu (viel)	*troppo*
zu Fuß gehen	*camminare*
zu, nach, in	*a*
Zucker	*zucchero*
Zug	*treno*
zuhören	*ascoltare*
Zunge, Sprache	*lingua*
zurückkehren	*tornare*
zusammen	*insieme*
zweiter, zweite	*secondo/a*
Zwerg	*nano*

GRAMMATIKALISCHE BEGRIFFE

Begriff	**deutsche Beispiele**
Adjektiv *(aggettivo)*, auch Eigenschaftswort	schön, lang, groß, gut
Artikel *(articolo)*	bestimmte: der, die, das; unbestimmte: ein, einer, eine
Imperativ *(imperativo)*, auch Befehlsform	geh! komm! fahr!
Infinitiv *(infinito)*, auch Nennform	gehen, kommen, fahren
Modalverb *(verbo servile)*	müssen, dürfen, können
Partizip *(participio)*, auch Mittelwort	gegangen, gekommen, gefahren
Perfekt *(passato prossimo)*, auch Vergangenheit	ich bin gegangen
Possessivpronomen, auch besitzanzeigendes Fürwort	mein, dein, sein
Präposition *(preposizione)*, auch Vorwort	in, vor, auf
Präsens *(presente)*, auch Gegenwart, Jetztzeit	ich gehe (jetzt)
Pronomen *(pronome)*, auch Fürwort	ich, mir, mich, du, er, ihm
Reflexives Verb *(v. riflessivo)*, auch rückbezügliches Verb	sich waschen, sich langweilen
Substantiv *(sostantivo)*, auch Hauptwort, Namenwort	Auto, Reise, Brief, Buch
Verb *(verbo)*, auch Tunwort, Zeitwort	fahren, essen, trinken

MILANO
PARTENZA
VILLE DEL
BRENTA
VENEZIA
FIRENZE
FIESOLE
OSTIA
ROMA
ROOAR
POMPEI
NAPOLI
PALERMO
MONREALE

STICHWORTVERZEICHNIS

LAURA RITT-MASSERA

DURCHSTARTEN IN ITALIENISCH

ITALIENISCH FÜR DAS 1. LERNJAHR

LÖSUNGSHEFT

VERITAS
LERNHILFEN

„Aufnahmsprüfung": 1a; 2c; 3c; 4c; 5b; 6a; 7a; 8a; 9c; 10b; 11c; 12c; 13c; 14b.

1

/k/	Coca-Cola, zucchero, cotto, crema, cornetto, caldo, cucchiaino, piccolo
/tsch/	arancia, cetriolini, dolce
/g/	funghi, gusti, gamberetti, grande
/dsch/	gelato, formaggio, asparagi, giovane
/sk/	schiuma, sconto
/sch/	liscio, sciroppo, prosciutto

Erste Etappe – *Prima tappa:* Artikel, Substantive, Adjektive

Venezia → Firenze

2 Trinkbares: vino, latte, spumante, birra, frizzante, cappuccino, acqua, aranciata, amaretto.

3 **il:** prosecco, tè, ghiaccio, cornetto, toast, tramezzino, sandwich, tonno, formaggio, burro, pollo, limone, tiramisù, panettone;
lo: strudel, speck, sciroppo, gnocco;
l': espresso, amaro, hot dog, arrosto, amaretto.

4 **1.** sandwich; **2.** toast; **3.** zucchino.

5 **1.** il; **2.** il; **3.** il; **4.** il; **5.** il; **6.** lo; **7.** il; **8.** lo; **9.** il; **10.** il; **11.** il; **12.** il; **13.** l'; **14.** il.

6 **1.** gli; **2.** i; **3.** i; **4.** gli; **5.** i; **6.** i; **7.** gli; **8.** gli.

7 **1.** i spumanti! (richtig: gli); **2.** gli cappuccini! (richtig: i); **3.** l'antipasti! (richtig: gli).

8 **1.** la; **2.** la; **3.** l'; **4.** la; **5.** l'; **6.** la.

9 **1.** la → le; **2.** l' → le; **3.** la → le; **4.** la → le; **5.** la → le.

10 **1.** le; **2.** gli; **3.** gli; **4.** i; **5.** le; **6.** i; **7.** le; **8.** i; **9.** i.

11 **1.** un'; **2.** un; **3.** un; **4.** un; **5.** uno; **6.** un; **7.** uno; **8.** un; **9.** un; **10.** una; **11.** un; **12.** un'; **13.** una.

12 **1.** molte; **2.** molti; **3.** molti; **4.** molte; **5.** molti.

13 **1.** Ci sono 3 tramezzini. **2.** C'è una pizzetta. **3.** C'è un panino. **4.** C'è un hot dog. **5.** Ci sono 5 cornetti. **6.** C'è un toast. **7.** Ci sono 10 funghi. **8.** Ci sono 8 mele.

14 **1.** gli spaghetti; **2.** una birra; **3.** molti vini; **4.** il cappuccino; **5.** molte lasagne; **6.** l'acqua; **7.** le mele; **8.** una pizza; **9.** un tramezzino; **10.** gli gnocchi.

15 vini, paste, carni, mele, pesci, prosciutti, gelati, spumanti, birre, pomodori, zucchini, melanzane, limoni, cappuccini, acque, panini, aranciate, salami, antipasti, meloni, panettoni, ciabatte, mortadelle, pizze, amaretti.

16

	il	lo	l'	i	gli	la	le
1.	✓			✓			
2.						✓	✓
3.	✓						
4.	✓			✓			
5.			✓				
6.		✓					
7.							✓

17

	il	lo	l'	i	gli	la	le
1.		✓			✓		
2.			✓				✓
3.		✓					
4.	✓			✓			
5.				✓			
6.			✓		✓		
7.						✓	

18 **1.** i panini; **2.** gli zucchini; **3.** i sandwich; **4.** le acque minerali; **5.** i prosciutti; **6.** i salami; **7.** gli spumanti; **8.** le paste; **9.** i risotti; **10.** i gelati; **11.** le pizze; **12.** gli aperitivi; **13.** le aranciate; **14.** i formaggi; **15.** gli strudel; **16.** gli espressi; **17.** i toast; **18.** le insalate; **19.** i tè.

19

1.	il	tramezzino	freddo	i	tramezzini	freddi
2.	l'	aranciata	dolce	le	aranciate	dolci
3.	la	cioccolata	calda	le	cioccolate	calde
4.	il	caffè	amaro	i	caffè	amari
5.	la	pizza	grande	le	pizze	grandi
6.	l'	acqua	minerale	le	acque	minerali

20 **1.** l'insalata mista; **2.** la tavola calda; **3.** il vino rosso; **4.** la pizza capricciosa; **5.** lo strudel viennese; **6.** il caffè ristretto; **7.** il prosciutto crudo; **8.** le patatine fritte; **9.** gli antipasti freddi; **10.** la cioccolata calda.

21 **1.** la salsa bolognese; **2.** l'acqua minerale; **3.** il vino bianco; **4.** gli aperitivi alcolici; **5.** gli spumanti italiani.

22 **1.** le pizze marinare; **2.** i caffè freddi; **3.** gli aperitivi analcolici; **4.** le cassate siciliane; **5.** gli hot dog americani.

23 richtig: 1, 2, 3, 5, 6, 7

24 richtig: 2, 4, 5, 7

25 **1.** questa pizza; **2.** questo vino; **3.** questi tramezzini; **4.** questa birra; **5.** questo prosciutto; **6.** questa cioccolata; **7.** questi zucchini. (Zur Erinnerung: im Italienischen gibt es keine Fälle!)

26 **1.** quello; **2.** quel; **3.** quell'; **4.** quella; **5.** quell'; **6.** quello; **7.** quella; **8.** quella.

27 **1.** bel; **2.** bell'; **3.** bella; **4.** bello; **5.** bello; **6.** bel; **7.** bella; **8.** belle; **9.** bei.

28 **1.** questi grandi ristoranti; **2.** quel buon vino; **3.** quei bei ragazzi; **4.** quella bella ragazza; **5.** queste americane; **6.** quella cara mamma; **7.** questo vino; **8.** quel bel bar; **9.** queste belle signore; **10.** quei buoni spaghetti.

29 **1.** alto, snello, sportivo;
2. bruna, allegra, sportiva.

30 Zum Beispiel: **1.** gelosi, arroganti, timidi ...
2. gelose, arroganti, timide ...
3. Ragazza bionda, bella e sportiva cerca ragazzo ricco, forte e gentile.

31 **1.** Amo Brad Pitt. È alto, biondo e carino. **2.** Il mio ragazzo ideale è romantico e sensibile. **3.** Non sono arrogante! **4.** Non amo le ragazze alte! **5.** Ornella Muti è bella e simpatica. **6.** Ami i ragazzi sportivi, Fulvia? **7.** Bel ragazzo biondo cerca ragazza gentile e tranquilla.

32 **1.** queste ragazze sportive e allegre;
2. quei ragazzi alti e bruni;
3. ragazze timide e intelligenti;
4. ragazzi romantici e gelosi;
5. le ragazze sensibili e gentili;
6. ragazzi belli e bruni;
7. ragazze tranquille e intellettuali.

33 ° Ramazzotti è bruno, romantico e sensibile. ¸ Pavarotti è simpatico e allegro. Famoso! Carissimo!

34 **1.** l'americano – gli americani; **2.** l'austriaco – gli austriaci; **3.** il cinese – i cinesi; **4.** il francese – i francesi; **5.** il greco – i greci; **6.** l'inglese – gli inglesi; **7.** l'italiano – gli italiani; **8.** il jugoslavo – i jugoslavi; **9.** l'olandese – gli olandesi; **10.** il russo – i russi; **11.** lo spagnolo – gli spagnoli; **12.** lo svizzero – gli svizzeri; **13.** il tedesco – i tedeschi; **14.** il turco – i turchi.

35 **1.** Carmen è spagnol**a**. Parla tre lingue: **lo** spagnol**o**, **il** tedesc**o** e **l'**ingles**e**. **2.** Ami le città tedesch**e**? **3.** Adriano Celentano è un cantante e attore italian**o**. **4.** **Gli** ingles**i** hanno molti buon**i** calciator**i**. **5.** La cucina grec**a** non è molto legger**a**. **6.** Isabelle Adjani è una famos**a** attrice frances**e**. **7.** Che lingue studi a scuola? **Il** tedesc**o** e **lo** spagnol**o**.

36 **1.** Alexandra Meißnitzer non è un'attrice americana. È una sciatrice austriaca.
2. Isabelle Adjani non è una presentatrice austriaca. È un'attrice francese.
3. William non è un attore americano. È un principe inglese.
4. Oprah Winfrey non è una sciatrice francese. È una presentatrice americana.
5. Leonardo Di Caprio non è un principe inglese. È un attore americano.

37 **1.** Le fragole sono rosse. **2.** Le angurie sono verdi e rosse. **3.** Le arancie sono arancioni. **4.** I lamponi sono rossi. **5.** Le pere sono verdi e gialle. **6.** Le mele sono rosse, verdi e gialle. **7.** Le banane sono gialle e marroni. **8.** Le pesche sono gialle. **9.** I limoni sono gialli.

38 **1.** il Mar Rosso; **2.** Biancaneve e i sette nani; **3.** il Castello di Barbablù; **4.** il Monte Bianco; **5.** Cappuccetto Rosso

39 **Rätsel 1:** l'uovo (Eigelb = rosso d'uovo)
Rätsel 2: un pinguino nella lavatrice

40 **1.** il mio strudel; **2.** i miei antipasti; **3.** il mio hot dog; **4.** la mia pizza; **5.** la mia acqua; **6.** i miei tramezzini.

41 **1.** il tuo panino; **2.** le sue pizzette (aranciate); **3.** le loro aranciate (pizzette); **4.** i miei formaggi; **5.** la nostra trattoria.

42 **1.** i miei amici; **2.** la mia acqua; **3.** la mia amica; **4.** il mio amaretto; **5.** il mio spumante; **6.** le mie pizzette.

43 **1.** il mio caffè; **2.** le nostre insalate; **3.** il Suo prosciutto; **4.** il tuo formaggio; **5.** il vostro vino; **6.** la nostra birra; **7.** la loro aranciata; **8.** il suo toast; **9.** le votre lasagne; **10.** i miei spaghetti; **11.** il Suo tramezzino; **12.** i loro tortellini; **13.** il mio vino; **14.** la tua pasta.

44 **1.** i tuoi tramezzini; **2.** la nostra acqua minerale; **3.** il suo gelato; **4.** il suo vino; **5.** i Suoi toast; **6.** il mio latte; **7.** i suoi espressi.

45 **1.** Mia sorella si chiama Maria. **2.** Le vostre zie sono simpatiche. **3.** Mio fratello si chiama Paolo. **4.** Come si chiama tua nonna? **5.** Sua moglie è inglese? **6.** Le loro figlie si chiamano Chiara e Sandra. **7.** I miei nonni sono a Roma.

46 **1.** Tuo zio è americano? **2.** Vostro figlio è molto gentile. **3.** Sua sorella si chiama Mara. **4.** I nostri zii non sono sportivi. **5.** Vostra madre si chiama Loretta? **6.** Mio fratello è bruno. **7.** Le tue cugine sono simpatiche.

47

48 **1.** Un ristorante è più caro di una trattoria. **2.** Eros Ramazzotti è più bello di Nek? **3.** La Coca-Cola è migliore della Pepsi? **4.** Torino è meno grande di Roma. **5.** Claudia Schiffer non è più bella di Fulvia Ferrari. **6.** Mi chiamo Lenny e sono il più grande.

49 **1.** Non conosci un albergo più tranquillo? **2.** Non c'è una pensione più grande? **3.** Non avete stanze più belle? **4.** Non ha un'acqua più buona? **5.** Vorrei dei tramezzini più buoni.

50 **1.** brutto come la notte; **2.** muto come un pesce; **3.** fedele come un cane; **4.** grande come il mondo; **5.** dolce come il miele.

51 Zum Beispiel: **1.** Un CD è più serio di un mazzo di fiori. **2.** Un mazzo di fiori è più romantico di un libro. **3.** Un anello è più caro di una scatola di cioccolatini. **4.** Un mazzo di fiori è meno calorifico di una scatola di cioccolatini.

52 **1.** Luciano Pavarotti; **2.** Stephen King; **3.** ghepardo; **4.** Titanic; **5.** Mona Lisa; **6.** Pamela Anderson; **7.** Martina Hingis; **8.** Super Mario Bros.

P	A	M	E	L	A	A	N	D	E	R	S	O	N	U	L	S	M	O
I	D	O	M	E	S	E	P	R	O	N	T	O	N	L	I	O	O	T
C	O	M	A	R	T	I	N	A	H	I	N	G	I	S	S	I	N	S
T	E	S	O	D	E	P	O	L	O	N	O	R	D	I	T	U	A	R
I	V	O	C	E	P	H	U	F	I	O	R	E	A	S	T	R	L	P
T	C	O	L	S	H	B	I	T	O	M	I	N	A	U	P	C	I	A
A	S	S	U	P	E	R	M	A	R	I	O	B	R	O	S	A	S	E
N	T	R	E	N	N	E	B	I	L	L	O	B	O	N	G	O	A	R
I	D	O	T	E	K	B	I	T	A	F	A	T	A	L	E	P	N	E
C	T	L	U	C	I	A	N	O	P	A	V	A	R	O	T	T	I	R
F	A	N	T	I	N	U	Z	Z	I	P	O	F	A	K	L	O	N	I
B	E	R	L	A	G	P	O	L	G	H	E	P	A	R	D	O	L	O

53 **1.** il più sportivo; **2.** la più snella; **3.** i più belli; **4.** il più simpatico; **5.** le più intelligenti; **6** la più ricca; **7.** il più piccolo.

Lennys Brief aus Venedig

Cara mamma,
ciao! Come stai? Bene? Sono a Venezia con Fulvia. Io, Fulvia e la Ferrari. La ***Ferrari rossa*** *è grande. Venezia è una città piccol****a****, ma famosa. È bella come il sole! È la città più bella del mondo!* ***Ci sono*** *molti colombi in Piazza S. Marco. I monumenti sono: la Basilica di S. Marco, il Ponte di Rialto, la Ca' d'Oro. Le gondole sono molto romantiche. Non ci sono macchin****e*** *a Venezia. Fulvia è allegra e gentil****e****. È una ragazza molto simpatica.*
*Il nostro hotel, si chiama Hotel Rialto, è grand****e*** *e tranquillo. La sua camera è grande. La mia camera è più piccola.*
*Ci sono molti turisti. Abbiamo conosciuto tre ragazze molto carine: sono Sarah, Louise e Klara. Sarah è american****a****, Louise è frances****e*** *e Klara è austriaca. Louise è molto intellettuale. Parla 4 lingue:* ***lo*** *spagnolo, il tedesco,* ***l'****italiano e ... il francese.*
*Fulvia ha uno zio a Venezia. Si chiama Fabio e ha 35 anni. È alto e bruno. Ha un piccolo ristorante molto elegante. I camerier****i*** *sono simpatici. Gli spaghetti sono molto buon****i*** *e le tagliatelle ... mmmh!*
*Tutto è speciale a Venezia: i gelati, i formagg****i****, le pizze, i tramezzini ...*
Questo viaggio è bello. Fa caldo ma ... pazienza! È per il mio italiano!

Baci, Lenny

Zweite Etappe – *Secondo tappa:* Verben

Venezia → Firenze

54 **1.** parlo; **2.** abito; **3.** domando; **4.** lavoro; **5.** rido; **6.** prendo; **7.** vedo; **8.** ripeto; **9.** corro; **10.** apro; **11.** offro; **12.** dormo; **13.** parto.

55 **1.** lavoro, lavori, lavora, lavoriamo, lavorate, lavorano;
2. ballo, balli, balla, balliamo, ballate, ballano.

56 **1.** vedo, vedi, vede, vediamo, vedete, vedono;
2. credo, credi, crede, crediamo, credete, credono.

57 **1.** offro, offri, offre, offriamo, offrite, offrono;
2. finisco, finisci, finisce, finiamo, finite, finiscono.

58 Die richtigen Verbformen sind: **1.** giocate; **3.** finiscono; **4.** ballano; **6.** prendiamo; **9.** parla; **10.** arriviamo; **12.** parto.

59 **1.** noi lavoriamo, loro lavorano; **2.** tu offri, lui offre; **3.** loro ballano, io ballo; **4.** voi vedete, loro vedono; **5.** io preferisco, tu preferisci; **6.** lei prende, loro prendono; **7.** noi partiamo, voi partite.

60 **1.** tu compri, voi comprate; **2.** noi ripetiamo, loro ripetono; **3.** io credo, tu credi; **4.** noi capiamo, loro capiscono; **5.** io mangio, lui mangia; **6.** tu vendi, voi vendete; **7.** lei finisce, loro finiscono.

61 **1.** Dove abita? **2.** Quale pizza preferisce? **3.** Quale musica ascolta? **4.** Paga Lei? **5.** Ama la Coca-Cola? **6.** Conosce Celentano? **7.** Cerca Gianna?

62

A	L	L	E	G	G	O	T	F	I	N	I	S	C	O
V	R	I	P	E	T	O	T	A	V	E	D	O	E	M
I	S	E	G	U	A	R	D	O	P	O	F	F	R	O
P	A	R	L	O	O	U	P	R	E	N	D	O	S	P
T	P	A	B	I	T	O	M	A	T	C	A	N	T	A
A	P	R	E	R	A	F	U	L	A	V	O	R	O	S
M	A	O	L	R	I	D	O	T	A	D	O	R	M	O
V	U	T	E	R	D	I	O	S	E	N	T	O	E	R

63 **1.** Voi come vi chiamate? **2.** Voi dove abitate? **3.** Anche voi parlate l'inglese? **4.** Anche voi amate l'Italia? **5.** Anche voi conoscete Milano? **6.** Anche voi preferite le Ferrari? **7.** Voi cosa prendete?

64 **1.** abitare; **2.** ripetere; **3.** prendere; **4.** sentire; **5.** lavorare; **6.** vedere; **7.** ballare; **8.** cominciare; **9.** dormire; **10.** amare; **11.** preferire; **12.** ridere; **13.** parlare; **14.** partire; **15.** guardare.

65 **1.** dormo; **2.** preferisco; **3.** sento; **4.** finisco; **5.** capisco; **6.** offro; **7.** parto; **8.** apro.

66 **1.** offro, offri, offre; **2.** vedo, vedi, vede; **3** mangio, mangi, mangia.

67

											V								C
					P			V	E	D	E	R	E			P	A	G	O
				C	R	E	D	E			D			L			R		M
			R		E			N		P	O	R	T	A			R		P
			I		F			D			N			V	E	D	I		R
		A	S	P	E	T	T	I	A	M	O			O			V		A
			P		R							A		R	I	D	I		
		V	O	L	I			F	I	N	I	S	C	O			A		T
	A		N		S			U				P					M		R
	P		D		C			M				E		R	I	D	O	N	O
A	R	R	I	V	O		P	A	R	T	I	T	E		O				V
	I					V				R		T			P	R	O	V	A
	A				T	E	L	E	F	O	N	A	N	O		M			N
A	M	A	T	E		D				V					P	E	R	D	O
	O					V	E	N	D	I	A	M	O						

Lösung: SOFIA LOREN

68 **1. a-Konjugation:** domandare, abitare, parlare, lavorare, ballare;
2. e-Konjugation: chiedere, vedere, prendere, credere, ridere.

69 **1.** io telefono, parto, finisco, leggo;
2. tu parli, finisci, spendi, dormi;
3. lei ripete, capisce, compra, chiede;
4. noi capiamo, giochiamo, prendiamo, finiamo;
5. voi pagate, aspettate, scrivete, offrite;
6. loro lavorano, finiscono, dormono, leggono.

70 Die gesuchte Redewendung lautet: Essere come cane e gatto!

E	S	O	N	O	H	S	S	A
S	I	A	M	O	A	S	E	B
H	A	I	R	E	N	I	H	B
C	O	M	E	È	N	E	O	
H	C	A	N	E	O	T	E	A
A	A	V	E	T	E	E	G	M
A	T	T	O	!	S	E	I	O

71 **1.** ho, sono; **2.** avete, abbiamo; **3.** sono, è; **4.** sono; **5.** abbiamo; **6.** è, ha; **7.** sono, hanno.

72 **1.** diciamo; **2.** fate; **3.** fanno; **4.** dice; **5.** faccio; **6.** dico; **7.** fa; **8.** dicono.

73 **1.** ho; **2.** faccio; **3.** dico; **4.** finisco; **5.** sono; **6.** abbiamo.

74 **1.** fate; **2.** finiamo; **3.** hanno; **4.** prendono; **5.** sei; **6.** dite.

75 **1.** faccio; **2.** fate; **3.** diciamo; **4.** fanno; **5.** dicono; **6.** dico; **7.** fa; **8.** dice.

76 **1.** Esci con me oggi? **2.** Andiamo tutti al cinema? **3.** Vengo al bar con voi.

77 **1.** No, non esco stasera. **2.** No, non vado al cinema. **3.** No, non vengo da Franco. **4.** No, non usciamo insieme. **5.** No, non andiamo a casa. **6.** No, non veniamo con voi.

78 **1.** mangiare (regelmäßig); **2.** dice (3. Person); **3.** fare (unregelmäßig); **4.** amo (1. Person Ez.); **5.** vede (regelmäßig).

79

vado	**va**	andiamo	vanno
vengo	viene	**veniamo**	vengono
ho	ha	abbiamo	hanno
dico	dice	diciamo	**dicono**
esco	esce	usciamo	escono
sono	**è**	siamo	sono
faccio	fa	**facciamo**	fanno

80 **1.** esci; **2.** andiamo; **3.** vado; **4.** vai, esce; **5.** viene, usciamo; **6.** vado; **7.** vieni; **8.** uscite, esco.

81 **1.** Vuoi venire con me? **2.** Sapete cos'è? **3.** Andiamo al cinema? **4.** Devi parlare con Charlie. **5.** Signora, Lei parla bene l'italiano!

82 **1.** So, che hai sete. **2.** I bambini vogliono sempre mangiare. **3.** Posso entrare? **4.** Oggi voglio vedere Paolo. **5.** Sai, dove abito? **6.** Potete venire con noi? **7.** In America i ragazzi possono guidare a 16 anni.

83 **1.** Potete fare la spesa oggi? **2.** Luisa sa sciare bene? **3.** Vuoi andare al cinema?

84 **1.** Come stai? **2.** Dovete stare fermi! **3.** Oggi Elisa deve stare a casa. **4.** Sto male, mamma! **5.** State qui?

85 **1.** stanno; **2.** sto, sto; **3.** sta; **4.** stai; **5.** stanno.

86 **1.** lavorando; **2.** partendo; **3.** facendo; **4.** vedendo; **5.** ballando; **6.** aspettando; **7.** dicendo; **8.** mangiando; **9.** offrendo; **10.** bevendo; **11.** guardando; **12.** sentendo; **13.** andando.

87 **1.** sta studiando; **2.** sta dormendo; **3.** sta mangiando; **4.** sta lavorando; **5.** sta prendendo il caffè.

88 **1.** Sto mangiando. **2.** Stiamo aspettando. **3.** Cosa state dicendo? **4.** Stai andando a casa? **5.** State lavorando? **6.** Stai bevendo una birra? **7.** Sto sentendo la musica.

89 **1.** due minuti fa; **2.** quattro settimane fa; **3.** sei anni fa; **4.** tre ore fa; **5.** cinque mesi fa; **6.** un giorno fa (ieri).

90 **1.** la settimana scorsa (passata); **2.** il mese scorso (passato); **3.** domenica scorsa.

91 **1.** amato; **2.** creduto; **3.** ripetuto; **4.** ballato; **5.** uscito; **6.** preferito; **7.** parlato; **8.** cantato; **9.** cresciuto; **10.** conosciuto; **11.** piovuto; **12.** seduto; **13.** dormito; **14.** telefonato; **15.** finito.

92 **1.** ballato, cantato; **2.** chiuso, aperto; **3.** detto, fatto.

93 **1.** ripetuto; **2.** fatto; **3.** sentito; **4.** avuto; **5.** aperto; **6.** dovuto; **7.** offerto.

94 **1.** sono stata; **2.** avete letto; **3.** è stato; **4.** siamo state; **5.** hanno scritto; **6.** sei stato/a; **7.** ho visto, ho avuto.

95 **1.** È nata tre giorni fa. **2.** Ieri sera ho bevuto una birra piccola. **3.** Avete visto "Domenica In" domenica scorsa? **4.** Raffaella è già venuta? **5.** Un'ora fa ho mangiato una mela.

96 Salute!

97 **1.** ho bevuto; **2.** sono arrivato/a; **3.** ho potuto; **4.** sono stato/a; **5.** ho fatto; **6.** ho capito; **7.** ho visto (veduto); **8.** ho avuto; **9.** ho coperto; **10.** ho mangiato; **11.** ho corso; **12.** ho dovuto; **13.** sono partito/a; **14.** sono nato/a; **15.** ho letto; **16.** sono uscito/a.

98 **1.** Ma no, abbiamo fatto una passeggiata ieri. **2.** Ma no, siamo andati al cinema ieri. **3.** Ma no, abbiamo visitato il duomo ieri. **4.** Ma no, siamo usciti ieri.

99 **1.** Dove sei stata? **2.** Quando siete arrivati? **3.** Che cosa hai visto? **4.** Dove sono andati? **5.** Che cosa avete visitato?

100 **1.** Hai letto il giornale oggi? **2.** Ieri è uscita con Peter. **3.** La settimana scorsa hai mangiato cinque pizze. **4.** È venuta l'anno scorso. **5.** Un'ora fa ho fatto un caffè.

101 Zum Beispiel: **1.** Mi addormento tardi. **2.** Sì, mi sveglio presto. **3.** Mi pulisco i denti dopo la colazione. **4.** Sì, mi vesto con cura. **5.** No, non mi trucco tutti i giorni. **6.** No, non mi lavo i capelli tutti i giorni.

102 **1.** Signora, Lei è stanca. Vuole sedersi? **2.** Oggi ho un'allergia agli occhi. Non posso truccarmi. **3.** Carla, ti amo. Ci fidanziamo? **4.** Senti, sono le 7! Non devi alzarti? **5.** Anna ha solo 10 anni e si trucca già? **6.** Pippo è piccolino. Non sa pulirsi i denti da solo.

103 **1.** Non voglio arrabbiarmi! **2.** Puoi sederti. **3.** Non dobbiamo addormentarci. **4.** Voglio pettinarmi. **5.** Vogliono sposarsi. **6.** Sa truccarsi bene. **7.** Non dovete innamorarvi.

104 **1.** ci alziamo; **2.** mi diverto; **3.** arrabbiarti; **4.** vi annoiate; **5.** alzarti; **6.** mi arrabbio.

105 **1.** Noi ci siamo incontrati a Roma. **2.** Ci siamo divertiti molto e ci siamo innamorati. **3.** Ci siamo fidanzati e ci siamo sposati.

106 **1.** Quando si è alzato (oder alzata)? **2.** Si è annoiato/a ieri? **3.** Perché si è arrabbiato/a? **4.** Si è divertito/a al bar? **5.** Perché non si è riposato/a? **6.** Si è sposato/a? (Bei der Höflichkeitsform ist sowohl die Übereinstimmung mit dem weiblichen Pronomen Lei als auch mit dem natürlichen Geschlecht des Herrn möglich.)

107 **1.** I ragazzi si sono lavati. **2.** Le ragazze si sono addormentate. **3.** I ragazzi si sono arrabbiati. **4.** Le ragazze si sono annoiate. **5.** I ragazzi si sono seduti. **6.** Le ragazze si sono innamorate.

108 **1.** Ieri mi sono alzato/a alle 5! **2.** L'anno scorso Paolo si è innamorato a Milano. **3.** Oggi Laura si è vestita bene. **4.** L'altroieri Franca e Marisa si sono arrabbiate molto. **5.** La settimana scorsa ti sei riposato/a? **6.** Oggi non mi sono lavato/a. **7.** Lei si è sposata due anni fa.

109 **1.** vieni; **2.** non guardare; **3.** ascoltate; **4.** non andate; **5.** non ridere; **6.** mangia; **7.** non lavorare; **8.** dite qualcosa; **9.** balla; **10.** non dormire; **11.** ripeti; **12.** non leggete.

110

Einzahl	Mehrzahl
va'/vai	**andate**
non andare	**non andate**

Einzahl	Mehrzahl
da'/dai	**date**
fa'/fai	**fate**
sta'/stai	**state**
di'	**dite**

111 **1.** Non fare l'autostop. **2.** Non tornare a casa dopo le 10! **3.** Non telefonare per due ore! **4.** Non dire stupidaggini! **5.** Non guardare troppa TV! **6.** Non dimenticare i compiti!

112 **1.** abbi, non avere, abbiate, non abbiate; **2.** mangia, non mangiare, mangiate, non mangiate; **3.** prendi, non prendere, prendete, non prendete; **4.** va'(vai), non andare, andate, non andate; **5.** senti, non sentire, sentite, non sentite; **6.** finisci, non finire, finite, non finite.

Lennys Brief aus Florenz

Cara mamma,
*siamo arrivat**i** a Firenze ieri sera. L'hotel si chiam**a** "Davide". Oggi abbiamo visitato la città. Abbiamo visto Palazzo Pitti, gli Uffizi e Santa Croce.*
*Siamo andati a Piazzale Michelangelo. Lì abbiamo incontrato Fabio, un cugino di Fulvia. Per me non è molto simpatico, ma Fulvia ... sai, parenti sono parenti. Fulvia **ha** detto: "Andiamo al Giardino dei Boboli?" Io ho risposto: "No, guard**a**, io sono stanco, vado all'hotel. Ci vediamo alle 8 in pizzeria?"*
*"Va bene", hanno detto. All'hotel, mi **sono** addormentato subito. Alle 7 mi sono svegliato, mi sono vestito e sono uscito. Ma in pizzeria non ho visto nessuno. Ho aspettato per un'ora, ho **letto** 3 giornali. Poi mi sono arrabbiato. Sono tornato all'hotel. Lì **ho** visto Fulvia, ma non con Fabio, con un altro ragazzo. Ho **domandato**: "Anche questo è tuo cugino?" Ha risposto: "No, senti, questo è Davide. Lo conosco da 2 ore." Ah, mamma, queste ragazze!*

Ciao Lenny

Dritte Etappe – *Terza tappa:* Pronomen

Firenze → Roma

113 **1.** prendere; **2.** vedere; **3.** sentire; **4.** chiamare; **5.** guardare; **6.** conoscere; **7.** preferire; **8.** capire; **9.** leggere; **10.** cercare; **11.** trovare.

114 **1.** Ho salutato Marta con un "ciao". **2.** Hai ringraziato la nonna che ha comprato una torta? **3.** Ha incontrato il suo amico al cinema. **4.** Voglio invitare 20 persone alla mia festa. **5.** Non devi baciare Anna se non vuole!

115 **1.** Ich habe dich geküsst. **2.** Wir umarmen euch. **3.** Ihr seht mich. **4.** Ich habe auf euch gewartet. **5.** Grüßt du uns nicht? **6.** Ich lade dich ein. **7.** Kennst du mich? **8.** Liebt ihr uns? **9.** Wartet er auf dich?

116 **1.** Vi aspettiamo. **2.** Vi ringraziamo. **3.** Ci aiutate. **4.** Non ti sposo. **5.** Mi conosci. **6.** Ti invitiamo. **7.** Non mi capisci. **8.** Ti vede. **9.** Ti amiamo.

117 **1.** Aspettiamo voi. **2.** Vedo te. **3.** Capisci me. **4.** Chiami me. **5.** Amate noi. **6.** Aiutate noi. **7.** Invito te. **8.** Sento lei.

118 **1.** Vi guardiamo. **2.** Ti conosco. **3.** Ti amo. **4.** Ci capisci? **5.** Mi bacia. **6.** Vi desidera.

119 **1.** con me? **2.** di me? **3.** di me? **4.** per me. **5.** con me? **6.** per me?

120 **1.** Vi è piaciuto il film? **2.** La pizza ti piace. **3.** Le lasagne ci sono piaciute. **4.** Tom Hanks non mi piace. **5.** Gli spaghetti mi piacciono molto. **6.** Questa casa non vi piace? **7.** L'Italia ci piace.

121 **1.** Questa pasta mi è piaciuta. **2.** I film francesi non mi sono piaciuti. **3.** Ti sono piaciute le Alpi? **4.** La Carmen ci è piaciuta. **5.** L'Austria vi è piaciuta? **6.** Ornella Muti non ti è piaciuta? **7.** I tortellini non ci sono piaciuti.

122 **1.** credo; **2.** penso; **3.** offro; **4.** telefono, chiedo; **5.** dai; **6.** regaliamo.

123 **1.** a te; **2.** te; **3.** te; **4.** te; **5.** a te; **6.** a te.

124 **1.** Telefono a voi. **2.** Scrive a noi. **3.** Bacio te. **4.** Racconti una storia a me. **5.** Capisco te.

125 **1.** te; **2.** mi; **3.** vi; **4.** ti; **5.** me; **6.** vi; **7.** ci.

126 **1.** Conosci Claudia? No, non la conosco. **2.** Vedi Pippo? Sì, lo vedo. **3.** Conoscete Milly e Lilly? No, non le conosciamo. **4.** Vedi Mauro e Giorgio? No, non li vedo. **5.** Chiami mia sorella? Sì, la chiamo. **6.** Ami Zorro? Sì, l'amo. **7.** Chiami i ragazzi? Sì, li chiamo.

127 **1.** Sì, la voglio. **2.** Sì, li invito. **3.** Sì, le aspetto. **4.** Sì, la capisco. **5.** Sì, lo bacio. **6.** Sì, l'ascolto.

128 **1.** dare a; **2.** telefonare a; **3.** pensare a; **4.** regalare a; **5.** chiedere a; **6.** raccontare a; **7.** piacere a; **8.** domandare a; **9.** dire a; **10.** offrire a; **11.** credere a; **12.** interessare a.

129 **1.** Sì, le penso. **2.** Sì, dico loro (umgangssprachlich: gli dico) buongiorno. **3.** Sì, le telefono. **4.** Sì, gli offro un gelato. **5.** Sì, le do una Coca. **6.** Sì, scrivo loro (umgangssprachlich: gli scrivo).

130 **1.** Gli racconto una storia. **2.** Scrivo loro (umgangssprachlich: gli scrivo). **3.** Le do una rosa. **4.** Gli regalo un libro. **5.** Penso a Maria. **6.** Dico loro ciao (umgangssprachlich: gli dico) **7.** Le credo.

131 **1.** Sì, le scrive. **2.** Sì, l'amo. **3.** Sì, la guarda. **4.** Sì, telefona loro (umgangssprachlich: gli telefona). **5.** Sì, l'aspetto. **6.** Sì, gli impresto il libro. **7.** Sì, l'ascoltiamo.

132 **1.** Sì, la conosco. **2.** Sì, le penso. **3.** Sì, li invito. **4.** Sì, lo vedo. **5.** Sì, gli credo. **6.** Sì, la sposo. **7.** Sì, telefono loro (umgangssprachlich: gli telefono).

133 1c; 2c; 3c.

134 **1.** Sì, le conosciamo **2.** Sì, offro loro un caffè (umgangssprachlich: gli offro). **3.** Sì, li invitano. **4.** Sì, li vedo. **5.** Sì, crede loro (umgangssprachlich: gli crede). **6.** Sì, le salutiamo. **7.** Sì, le chiamo.

135 **1.** amo me, te, lui, lei, noi, voi, loro; **2.** mi vedo, ti vedo, lo vedo, la vedo, ci vedo, vi vedo, li/le vedo; **3.** mi dico, ti dico, gli/le dico, ci dico, vi dico, dico loro (umgangssprachlich: gli dico); **4.** piaccio a me, a te, a lui, a lei, a noi, a voi, a loro.

136 Falsch: 1, 5, 10, 12.

137 **1.** Giada mi da un bacio. **2.** Tu ti chiami Michele. **3.** Voi vi lavate tutti i giorni? **4.** L'amo e gli penso sempre. **5.** Ti dico una cosa.

138 si lava, ci sposiamo, ti vedo.

139 **1.** Crede a noi, non a voi. **2.** La sposo domani. **3.** Da i soldi a loro, non a noi. **4.** Dico loro (umgangssprachlich: gli dico) buona notte. **5.** Vi salutiamo. **6.** Gli chiedi qualcosa? **7.** Gli danno un bacio.

140 **1.** Napo**li**; **2.** **Mi**lano; **3.** Ri**mi**ni; **4.** **Vi**cenza; **5.** A**le**ssandria; **6.** Tries**te**.

141 **1.** li; **2.** lo; **3.** vi; **Lösungswort**: cinquemila lire.

142 **1.** **Te**resa; **2.** E**le**na; **3.** Fi**li**ppo; **4.** Mi**le**na; **5.** **Mi**che**le**.

143 **1.** Vi ringrazio. **2.** Non mi saluta. **3.** Diamo loro (gli diamo) 5.000 lire. **4.** Li baciamo. **5.** Non mi abbracci? **6.** Le telefona sempre. **7.** Le invito.

144 **1.** Grazie mille = La ringrazio; **2.** Per favore = La prego; **3.** Buongiorno = La saluto; **4.** Prende un caffè? = Le offro un caffè; **5.** Questa è mia sorella = Le presento mia sorella.

145 **1.** La prego di entrare. **2.** Le do 10.000 lire. **3.** La saluto. **4.** Le offro un gelato. **5.** Le dico una cosa.

146 **1.** Sì, l'abbiamo mangiato. No, non l'abbiamo mangiato. **2.** Sì, l'ho preso. No, non l'ho preso. **3.** Sì, l'ho bevuto. No, non l'ho bevuto.

147 **1.** Sì, l'ho trovato. **2.** Sì, l'abbiamo fatta. **3.** Sì, l'ha chiamato. **4.** Sì, li ho guardati. **5.** Sì, l'ha letto. **6.** Sì, l'abbiamo ringraziata. **7.** Sì, le ha invitate.

148 **1.** Sì, l'ho capita. **2.** Sì, l'abbiamo comprato. **3.** Sì, l'ha portata. **4.** Sì, li ha pagati. **5.** Sì, li ho invitati. **6.** Sì, l'abbiamo sentito. **7.** Sì, li ho mangiati.

149 **1.** Sì, li ho trovati. **2.** Sì, abbiamo dato loro (umgangssprachlich: gli abbiamo dato) i fiori. **3.** Sì, ho regalato loro (umgangssprachlich: gli ho regalato) dei soldi. **4.** Sì, l'ha comprato. **5.** Sì, abbiamo scritto loro (umgangssprachlich: gli abbiamo scritto). **6.** Sì, le ho telefonato. **7.** Sì, li hanno mangiati.

150 **1.** Sì, le ho scritto. **2.** Sì, l'ha portato. **3.** Sì, gli abbiamo telefonato. **4.** Sì, li ha invitati. **5.** Sì, gli ho offerto un gelato. **6.** Sì, l'hanno fatta. **7.** Sì, ho presentato loro (umgangssprachlich: gli ho presentato) Paolo.

151 **1.** ich muss; **2.** ich will; **3.** ich kann, ich darf; **4.** ich weiß (wie es geht); **5.** ich darf nicht.

152 **1.** Ich **muss sie** sehen. **2.** Ich **kann ihn** anrufen. **3.** Ich **darf euch** nicht treffen. **4.** Ich **kann es** sprechen. **5.** Ich **will sie** verstehen.

153 **1.** Sie wollen sich waschen. **2.** Wir müssen uns anziehen. **3.** Kannst du dich schminken? **4.** Kannst du aufstehen? **5.** Ihr dürft nicht einschlafen.

154 **1.** Credimi! **2.** Guardali! **3.** Baciala! **4.** Telefonaci! **5.** Interessatevi! **6.** Ringraziami! **7.** Sposalo!

155 **1.** Non guardarti! **2.** Non ascoltarlo! **3.** Non aspettateci! **4.** Non invitarmi! **5.** Non crederle!

Lennys Brief aus Rom

Cara mamma,
è vero che tutte le strade portano a Roma! Siamo a Roma, all'hotel Colosseo. Sono molto stanco, ***ti*** *scrivo e poi vado a dormire.*
*Ieri Fulvia ha telefonato a sua zia Franca. Zia Franca ci ha invitati a pranzo. Ha detto: "Venite, vi faccio le lasagne." Fulvia l'ha ringraziata. Poi le ha detto: "Senti Lenny. Le lasagne di zia Franca sono cattive, io lo so già. Mi capisci? Abbiamo un piccolo problema. Come facciamo? Aiuta*__*mi*__*! Troviamo una soluzione." "Guarda Fulvia",* ***le*** *ho risposto. "A te le lasagne di zia Franca non piacciono? Telefonale e dille che io sono malato e che tu non hai fame." Fulvia* ***le*** *ha telefonato e zia Franca ha creduto la storia. Abbiamo comprato 2 panini e* ***ci*** *siamo seduti in piazza Navona. "Buoni, questi panini", ho detto. Improvvisamente abbiamo sentito una voce: "Ciaaaaao Fulvia!" Era zia Franca. "Ma cosa fate? Mangiate panini? Io* ***vi*** *invito, tu mi dici che il tuo amico è malato, e poi vi incontro in Piazza Navona con 2 panini in mano? Adesso capisco tutto! Mi hai raccontato una storia. Allora, buon appetito!" È strano, no? Roma è grande ...*

Ti *bacio e abbraccio,*
tuo Lenny

Vierte Etappe – *Quarta tappa:* Adverbien

Roma → Napoli

156 **1.** Male! **2.** Bene! **3.** Bene! **4.** Male! **5.** Male!

157 **1.** buona; **2.** bene; **3.** bene; **4.** bene; **5.** buon; **6.** buona; **7.** buona.

158 **1.** buono; **2.** bene; **3.** buona, bene; **4.** buoni; **5.** bene; **6.** buon; **7.** buona.

159 **1.** Sei stanco oggi. Hai dormito male? **2.** Cosa hai detto? Non ho sentito bene. **3.** Questo è un ristorante cattivo. Abbiamo mangiato malissimo. **4.** Ti amo. Bene! **5.** È un ragazzo molto beneducato.

160 **1.** presto, tardi; **2.** male; **3.** piano; **4.** poco; **5.** troppo; **6.** volentieri.

161 **1.** seriamente; **2.** chiaramente; **3.** particolarmente; **4.** dolcemente; **5.** elegantemente; **6.** gentilmente; **7.** apertamente.

162 **1.** lentamente; **2.** teneramente; **3.** velocemente; **4.** pazientemente; **5.** direttamente; **6.** abilmente; **7.** apertamente.

163 Veramente.

164 **1.** Sei incredibilmente simpatico. **2.** Guidi troppo velocemente. **3.** Parlate veramente bene il francese. **4.** Sono molto stanchi. **5.** Ho particolarmente fame oggi. **6.** Andate direttamente a casa?

165

velocemente	**lentamente**
molto	poco
buono	cattivo
piano	**forte**
bene	male

166 **1.** Sono andata a letto tardi. Perché? Sei andata a una festa? **2.** Ti voglio bene! Anch'io, amore. **3.** Parla piano. Il bambino dorme. **4.** Vieni al concerto con me? Volentieri.

167 **1.** probabilmente, naturalmente, molto; **2.** veramente, incredibile, finalmente; **3.** tardi, molto, male.

168 **1.** incredibile; **2.** buono; **3**. tardi; **4.** bene; **5.** particolarmente; **6.** male; **7.** esattamente.

Lennys Brief aus Neapel

Cara mamma,
vedere Napoli e morire! ***Ben*** *detto. Napoli è particolarmente interessante. Una bellissima città. La pizza è molto* ***buona.*** *Siamo stati sul Vesuvio e a Pompei.*
Purtroppo il nostro hotel, si chiama Hotel Vesuvio, è ***veramente*** *rumoroso e così dormiamo* ***male****.*
Regolarmente ci svegliamo alle 5 per il rumore.
Oggi abbiamo deciso di andare a fare una passeggiata. Improvvisamente abbiamo visto un signore un po' strano. Alto, magro, con un vestito nero. Ci ha guardati. Che paura! Ma lui ci ha detto molto gentilmente: "Buongiorno ragazzi. Perché camminate così ***velocemente****? Dovete prendere un treno?" E Fulvia: "Sei lo zio Falstaff!* ***Veramente*** *non ti ho riconosciuto!" Ah, Fulvia e i suoi parenti! Siamo andati al bar e lo zio Falstaff ci ha offerto un gelato molto buono. Poi mi ha detto: "Allora Lenny, stai studiando l'italiano. Ma lo parli* ***perfettamente****!"*
Fulvia è veramente una buona insegnante. E gli italiani sono gentili. Io dico solo "Buongiorno!" o "Come va la vita?" e loro mi dicono sempre: "Ma come parli bene l'italiano!"

Ciao Lenny

Fünfte Etappe – *Quinta tappa:* Präpositionen

Napoli → Palermo

169

Länder	Sprachen	Fahrzeuge	Regionalbegriffe	Räume
Portogallo, Germania, Francia, Svizzera, Spagna, Russia, India, America, Cina	spagnolo, francese, russo, cinese, inglese, tedesco	camper, treno, bicicletta, moto, autobus, macchina, scooter	città, campagna, montagna	camera, soggiorno bagno, cucina, cantina

170 **1.** in Cina in autobus; **2.** in Russia in bicicletta; **3.** in India in moto (macchina); **4.** in Germania in scooter; **5.** in America in treno.

171 **1.** nel libro; **2.** nell'albergo; **3.** nella mia casa; **4.** nelle case.

172 **1.** nella sua camera; **2.** nella mia macchina; **3.** nel nostro ristorante; **4.** nella nostra cucina; **5.** nella tua casa; **6.** nelle vostre camere; **7.** nel bagno blu.

173 **1.** nella casa, in una casa; **2.** in un albergo, nel nostro albergo; **3.** in una camera, nella camera di Paola.

174 **1.** allo stadio; **2.** alla banca; **3.** al mare; **4.** all'opera; **5.** al ristorante; **6.** all'osteria.

175 **1.** alle amiche; **2.** agli italiani; **3.** ai ristoranti; **4.** all'americana; **5.** allo zio; **6.** alla fragola.

176 **1.** al bar; **2.** al cinema; **3.** a casa; **4.** a fare la spesa; **5.** alla stazione.

177 **1.** in; **2.** a; **3.** a; **4.** in; **5.** al; **6.** a; **7.** in; **8** in; **9.** all'; **10.** al; **11.** in; **12.** in.

178 **1.** a; **2.** in; **3.** a; **4.** da; **5.** a; **6.** in; **7.** da; **8.** al; **9.** in; **10.** dalla; **11.** al; **12.** in; **13.** a.

179 **1.** in; **2.** in; **3.** in; **4.** dá; **5.** dal; **6.** a; **7.** in; **8.** a; **9.** dal; **10.** al.

180

1. all'opera	**2.** al cinema	**3.** alla posta	**4.** allo stadio
5. dalla nonna	**6.** dalle ragazze	**7.** dai suoi amici	**8.** dal professore

181

1. alle	**a + le**	**5.** nei	**in + i**
2. dall'	**da + l'**	**6.** ai	**a + i**
3. nelle	**in + le**	**7.** dal	**da + il**
4. allo	**a + lo**	**8.** negli	**in + gli**

182 **1.** Vado al concerto **2.** Vai da un'amica. **3.** Va a Parigi. **4.** Andiamo a casa. **5.** Andate a dormire. **6.** Vanno dal medico. **7.** Sono state dalla pettinatrice. (In Italien geht man „zur Friseurin".)

183 **1.** Vai dal tabaccaio! **2.** Vai in Germania! **3.** Vai a Roma! **4.** Vai a dormire (a letto)!

184 **1.** dai miei amici; **2.** nelle mie città; **3.** dalle nostre zie; **4.** ai miei ragazzi; **5.** dagli studenti americani; **6.** nei nostri bar; **7.** dalle tue nonne; **8.** nei miei ristoranti; **9.** dai suoi zii; **10.** nei loro bagni.
(Zu 3, 7, 9: Familienmitglieder mit Possessivadjektiv in der Mz. sind **mit** Artikel!)

185 Städte: 1, 3, 4, 10, 17, 21, 19, 23.

186 So ist es zum Beispiel bei mir: **1.** Sono nata nel 1960. **2.** Mi alzo alle 7. **3.** Dormo dalle 24 alle 7. **4.** Arrivo a casa all'una circa. **5.** Devo essere a casa ... quando voglio!

187

1410–1431	1756–1792	1980	1492	20. 7. 1968
2	**1**	**5**	**4**	**3**

188 **1.** alle 5; **2.** il 25 dicembre; **3.** a Natale; **4.** in inverno; **5.** dalle 11 alle 12; **6.** nel mese di marzo; **7.** dal 2 al 3 gennaio; **8.** il 12 febbraio; **9.** a Pasqua; **10.** dal 1939 al 1945.

189 **1.** il Giro d'Italia; **2.** il Re dei Leoni; **3.** lo Stato del Vaticano; **4.** il Libro della Giungla; **5.** la Basilica di San Marco.

190 **1.** Il Conte di Montecristo; **2.** la Regina d'Inghilterra; **3.** il Gran Premio di Monza; **4.** il Gatto degli Stivali; **5.** il Lido di Venezia.

191

Olivenöl	olio d'oliva
Schweinsbraten	arrosto di maiale
Apfelsaft	succo di mele
Kartoffelpüree	purea di patate
Karottensalat	insalata di carote

192 **1.** Philipp; **2.** Milano; **3.** la Monalisa; **4.** sabbia; **5.** la torre.

193 **1.** Ho bisogno della tua machina. **2.** Dimmi qualcosa di bello. **3.** Non ho voglia di mangiare. **4.** Di cosa parlate? **5.** Hai voglia di un gelato?

194 **1.** Ho voglia di vederla. **2.** Abbiamo bisogno di una vacanza. **3.** Dammi qualcosa di buono da mangiare! **4.** Parliamo del futuro! **5.** Hai bisogno della mia bicicletta? **6.** Abbiamo parlato del tempo! **7.** Hai voglia di andare a fare la spesa?

195 **1.** 500 grammi di farina gialla; **2.** 1 ½ litri d'acqua; **3.** un po' di sale; **4.** 50 grammi di burro; **5.** 50 grammi di parmigiano grattuggiato.

196 **1.** della; **2.** dello; **3.** del; **4.** del; **5.** del; **6.** dell'; **7.** dell'; **8.** dell'; **9.** del; **10.** dell'; **11.** dello; **12.** del; **13.** del; **14.** dell'; **15.** della; **16.** dell'; **17.** dello.

197 **1.** dei ragazzi; **2.** delle ore; **3.** delle aranciate; **4.** delle ragazze; **5.** degli strudel; **6.** dei panini.

198 **1.** degli studenti; **2.** delle birre; **3.** delle pizze; **4.** degli aperitivi; **5.** dei gelati; **6.** degli hot dog.

199 **1.** del pane; **2.** dell'acqua; **3.** delle mele; **4.** dei limoni; **5.** degli aperitivi; **6.** dello zucchero; **7.** del vino.

200 **1.** di; **2.** allo; **3.** in, in; **4.** alle; **5.** da; **6.** in; **7.** in, a; **8.** nella.

Lennys Brief aus Palermo

Cara mamma,
siamo arrivati. È la fine ***del*** *nostro viaggio. È stato un viaggio lunghissimo: da Milano* ***a*** *Palermo in macchina, in estate, con questo caldo. L'anno prossimo andiamo* ***in*** *aereo in Scozia.*
Siamo arrivati all'hotel Gattopardo ieri sera ***alle*** *7. È un bell'hotel e ci sono dei turisti simpatici. Ho dormito tantissimo, dalle 8 alle 8 di stamattina. Anche oggi ho voglia* ***di*** *riposarmi. Ho bisogno di dormire e stare fermo. Vorrei anche andare* ***al*** *mare.*
Fulvia oggi non c'è. È andata ***da*** *una sua cugina siciliana, che l'ha invitata a pranzo. Io ho preferito non andare. Ho comprato dei panini e* ***del*** *prosciutto e una bottiglia d'acqua minerale e ho mangiato in camera. Poi sono andato alla piscina dell'albergo. Lì ho conosciuto un ragazzo molto simpatico.*
Abbiamo parlato di un po' di tutto: del caldo, dell'Italia, ***dei*** *suoi problemi. In italiano, naturalmente. Siamo in Italia, no?*
Alla fine ho capito che quel ragazzo era tedesco, di Berlino!

Ciao, a presto
Lenny

1. Auflage (1999)
ISBN 3-7058-5421-6